AF454341

LÓGICA

IMMANUEL KANT

Traducido por
ALEJO GARCÍA MORENO

ALICIA EDITIONS

ÍNDICE

INTRODUCCIÓN

PRIMERA PARTE : TEORÍA
GENERAL ELEMENTAL

PARTE SEGUNDA :
METODOLOGÍA GENERAL

INTRODUCCIÓN

Todo en la naturaleza animada, como en la inanimada, se rige por reglas, aunque estas reglas no son siempre de nosotros conocidas; así es que en virtud de leyes fijas y determinadas cae la lluvia, se mueven los animales, etc. El Universo entero no es propiamente más que un vasto conjunto de fenómenos sujetos a determinadas reglas; de suerte que nada, absolutamente nada existe sin su fundamento. Por consecuencia de esto, no existen, hablando con propiedad, verdaderas irregularidades; cuando nosotros creemos encontrarlas no es sino que las leyes que rigen los fenómenos que observamos nos son desconocidas.

El ejercicio de nuestras facultades se verifica conforme a leyes, a las que desde luego nos ajustamos sin tener conciencia de ello, hasta el punto de que venimos insensiblemente en conocimiento de las mismas por hechos de experiencia y por el continuo uso de las propias facultades. Nosotros mismos concluimos por acomodarnos tan fácilmente a estas leyes, que después nos cuesta gran trabajo el considerarlas de una manera abstracta. Ejemplo de esto tenemos en la gramática general, que es una forma del lenguaje en general. Se habla también sin conocimiento de ninguna regla gramatical, y el que habla de este modo sigue sin embargo una gramática, y habla conforme a reglas, mas no tiene conciencia de nada de esto.

Todas nuestras facultades, en particular el entendimiento, están sometidas en su ejercicio a leyes que podemos investigar. Hay más; el entendimiento debe considerarse como el principio y la facultad para concebir las reglas en general. Así como la sensibilidad es la facultad de intuición, así el entendimiento es la facultad de pensar; es decir, la facultad de someter a leyes las representaciones sensibles. El entendimiento tiende a la investigación de las reglas y se encuentra feliz con haberlas hallado. Se trata, pues, de saber, ya que el entendimiento es el principio de las reglas, conforme a qué reglas procede él mismo.

No hay, en efecto, duda alguna de que nosotros no podemos pensar o hacer uso de nuestro entendimiento, más que siguiendo ciertas reglas. Mas ¿podemos nosotros concebir estas reglas en sí mismas, es decir, sin su aplicación o en abstracto? ¿Qué son, pues, estas reglas? Todas las reglas, según las que obra el entendimiento, o son necesarias o contingentes. Las primeras son aquellas sin las cuales ninguna función del mismo sería posible; las segundas aquellas sin las que no podrían tener lugar ciertas y determinadas funciones. Las reglas contingentes, que se refieren a un objeto determinado de conocimiento, son tan numerosas como los mismos objetos. Así es, por ejemplo, que hay un ejercicio intelectual propio para las matemáticas, otro para la metafísica, otro para la moral, etc. Las reglas de este empleo particular del entendimiento en las ciencias expresadas, son contingentes, puesto que es contingente que yo piense en tal o cual objeto a que se refieren estas reglas particulares.

Más si hacemos abstracción de todo conocimiento que solo pueda adquirirse con motivo del objeto y reflexionamos solamente acerca del empleo del entendimiento en general, hallamos estas reglas absolutamente necesarias bajo todos sus aspectos y sin ninguna relación propia de los objetos particulares del pensamiento, puesto que sin ellas no existiría éste. Estas reglas; se pueden, pues, considerar *a priori*, es decir, *independientemente de toda experiencia*, puesto que, contienen simplemente, sin *distinción de objeto*, las condiciones del empleo del entendimiento de una manera general, ya sea aquel puro, ya sea experimental. De dónde se sigue al propio tiempo, que las reglas generales y necesarias del pensamiento no pueden referirse más que a la *forma*, y en manera alguna a la *materia* o *contenido*. La ciencia de estas reglas necesarias y universales, es, pues, simplemente, la ciencia de la forma de nuestro conocimiento intelectual o del pensamiento. Nos podemos formar una idea de la posibilidad de una ciencia tal, de la misma manera que nos formamos la idea de una gramática general que contiene más que la simple forma del lenguaje en general, y no las palabras que constituyen la materia de los diversos; idiomas.

Esta ciencia de las leyes necesarias del entendimiento y de la razón en general, o lo que es lo mismo, de la simple forma del pensamiento en general, es lo que nosotros llamamos *lógica*.

Como ciencia que se ocupa del pensamiento en general, independientemente de los objetos que constituyen la materia, la lógica puede ser considerada:

1.ºComo el fundamento de todas las otras ciencias y la propedéutica de toda función intelectual. Mas por esto mismo no se ocupa nunca de objetos en manera alguna.

2.º Como no pudiendo servir de órgano para las ciencias.

Nosotros entendemos por órgano la indicación del modo en virtud del cual se puede adquirir un determinado conocimiento, lo que exige desde luego una noción del objeto del conocimiento para establecer después ciertas reglas. La simple lógica no es, pues, un órgano de las ciencias, puesto que como órgano supone el conocimiento exacto de las ciencias, del objeto de ellas y de sus fuentes. Así es, por ejemplo, que las matemáticas son un órgano muy señalado como ciencia que contiene la razón de la adquisición del conocimiento referente a cierta aplicación racional. La lógica por el contrario, en su calidad de propedéutica, de toda función intelectual y racional en general, no puede formar parte de otras ciencias, ni anticipar nada sobre la materia o contenido de ellas; ella no es más que *el arte universal de la razón* (Canónica Epicuri) de poner de acuerdo los conocimientos en general con la forma del entendimiento, y no merece por tanto el nombre de órgano, más que en tanto que sirve, no para entender, sino simplemente para criticar y rectificar nuestro conocimiento.

3.º Como ciencia de las leyes necesarias del pensamiento, sin las que no es posible aplicación alguna del entendimiento y de la razón; leyes que son, por consiguiente, las solas condiciones bajo las cuales el entendimiento puede y debe ponerse de acuerdo consigo mismo - leyes y condiciones de su legítimo empleo -la lógica es *una regla*. Y como regla del entendimiento y la razón, no puede dar nada de otra ciencia ni de la experiencia, no debe contener más que las leyes puras, *a priori*, que son necesarias y constituyen la división del entendimiento en general.

A la verdad, hay lógicos que suponen en la lógica principios psicológicos; mas es tan absurdo el introducir tales principios, como derivar la moral de la conducta de la vida. Si tomamos estos principios de la psicología, es decir, si nosotros los sacamos de la observación de nuestro entendimiento, veríamos con esta únicamente *de qué manera* se manifiesta el pensamiento, de qué modo se produce, cómo está sujeto a diferentes obstáculos y a diversas condiciones subjetivas; lo que nos conducirá a leyes simplemente contingentes. En la lógica no se trata de leyes contingentes, sino de leyes necesarias; no se trata, pues, de saber cómo pensamos, sino cómo debemos pensar. Las reglas de la lógica no deben tomarse, por consiguiente, del entendimiento aplicado de un modo contingente, sino que deben sacarse de su aplicación hecha de un modo necesario, aplicación que se halla en sí misma sin necesidad de la psicología. No se pide en lógica cómo se conduce el entendimiento, cómo piensa, cómo ha pensado hasta aquí, sino simplemente cómo ha debido pensar. La lógica debe, pues, darnos a conocer el empleo legítimo del entendimiento o su acuerdo consigo mismo.

Después de las consideraciones que acabamos de hacer acerca de la lógica, difícilmente se pueden deducir las otras propiedades esenciales de esta ciencia a saber:

4.º Que ésta es una ciencia racional, no simplemente en cuanto a su forma, sino en cuanto a su fondo o contenido, pues que sus reglas no están tomadas de la experiencia y tiene también por objeto la razón misma. La lógica es, pues, el conocimiento propio (Selbsterkenntniss) del conocimiento y de la razón sin mirar al objeto posible o real de estas facultades, sino solamente, en cuanto se refiere a la forma. En lógica yo no puedo pedir qué es lo que conoce el entendimiento, cuántas cosas conoce, o hasta dónde alcanza este conocimiento: esto sería, en tal caso, un verdadero conocimiento de sí mismo por lo que se refiere a la aplicación esencial del entendimiento, lo que constituye parte de la metafísica. No hay más que una cuestión en lógica, a saber: *¿Cómo se conoce el entendimiento de sí mismo?*

Por último, como ciencia racional en cuanto al fondo y a la forma, la lógica es además:

5.º Una doctrina o teoría demostrada, porque se ocupa no del empleo ordinario y como tal propiamente empírico del entendimiento y la razón, sino de las leyes necesarias y generales del pensamiento; descansa sobre principios *a priori* de donde, todas sus reglas pueden ser deducidas como aquellas reglas a las cuales debe acomodarse todo conocimiento de la razón.

De donde la lógica debe ser considerada como una ciencia a priori o como una doctrina como una ley de las funciones del entendimiento y de la razón. Ella difiere esencialmente de la estética, que como simple crítica del gusto, no tiene nada de ley, sino simplemente una regla (modelo o patrón del empleo solamente de la critica), regla que consiste en el concierto universal. La estética es, pues, la ciencia de las reglas del concierto de las cosas con las leyes de la sensibilidad. La lógica, por el contrario, tiene por objeto las reglas del concierto del conocimiento con las leyes del entendimiento y la razón. La primera no tiene más; que principios empíricos, y no puede, por tanto, constituir una ciencia o una doctrina, si se entiende por doctrina una instrucción dogmática por principios *a priori,* en la que se llega a conocer todo por el entendimiento sin datos ulteriores tomados de la experiencia; y que nos da reglas cuya aplicación produce la perfección de ser.

Se ha intentado, particularmente por los oradores y poetas razonar sobre el gusto; mas nunca se ha podido pronunciar un juicio definitivo sobre este punto.

El filósofo Baumgartem, en Francfort, formó el plan de una estética como ciencia, pero Home ha llamado con más propiedad crítica a la estética, puesto que esta no suministra ninguna regla *a priori* que determine el juicio en una medida suficiente, como lo hace la lógica, sino que por el contrario, establece sus reglas *a posteriori* y hace más generales, por la comparación solamente, las leyes, según las cuales, nosotros reconocemos lo peor y lo mejor (lo bello).

La lógica es, pues, algo más que una simple crítica; es una regla que vive asociada de la crítica, es decir, del principio para juzgar todas las funciones intelectuales en general, mas solamente en la que mira a la legitimidad de estas funciones en cuanto a la mera forma, pues que ella no es un órgano como no lo es la gramática general.

Como propedéutica de toda función intelectual, la lógica universal difiere también de la lógica trascendental, en la que el objeto mismo se representa como el objeto uno del entendimiento; la lógica universal, por el contrario, se refiere a todos los objetos.

Si entre tanto, nosotros queremos abrazar de un solo golpe de vista todos los caracteres esenciales que corresponden a la extensa determinación procedente de la noción de la lógica, haremos una idea de ello diciendo:

La lógica es una ciencia racional, no solo en cuanto a la mera forma, sino también en cuanto al fondo; una ciencia *a priori* de las leyes necesarias del pensamiento, no por lo que se refiere a los objetos particulares, sino por lo que respecto a todos los objetos en general. - La lógica es, por consiguiente, la ciencia de la aplicación legítima del entendimiento y la razón en general; ciencia no subjetiva, es decir, no formada en vista de principios empíricos (psicológicos) sino ciencia objetiva, esto es, ciencia formada por principios *a priori* determinando la materia del pensamiento que debe ocupar al entendimiento.

- II - DIVISIONES PRINCIPALES DE LA LÓGICA. -EXPOSICIÓN. -UTILIDAD DE ESTA CIENCIA.- BOSQUEJO DE SU HISTORIA

I.º

La lógica se divide en analítica y dialéctica. La analítica pone de manifiesto por la descomposición todas las operaciones intelectuales que tienen lugar en el pensamiento en general; es, pues, una analítica de la forma del entendimiento y la razón. Se llama también con justo título, lógica de la verdad, puesto que contiene las reglas necesarias de toda verdad (formal) sin las que nuestro conocimiento no es verdadero, considerado en sí mismo, independientemente de los objetos.

A este título todavía, ella no es otra cosa que una regla para el juicio crítico de la legitimidad formal de nuestro conocimiento.

Si se quisiese hacer servir esta doctrina puramente teórica y general como arte práctico, es decir, si se empleara como órgano, vendría a ser en este caso una dialéctica, una lógica de la apariencia (ars sofística, disputatoria), lógica que resulta del simple abuso de la analítica. Este abuso consiste en volver solamente la forma lógica para simular un conocimiento verdadero en el que siempre los elementos (Merkmale) deben estar tomados de conformidad con los objetos por razón del contenido.

La dialéctica se estudió en otro tiempo con gran diligencia. Este arte asentaba engañosamente falsos principios bajo la apariencia de verdad, y buscaba como consecuencia de estos principios, el afirmar ciertas cosas, según esta misma apariencia. En tiempo de los griegos los dialécticos eran abogados y retóricos que conducían al pueblo como querían, porque el pueblo se dejaba extraviar por la apariencia. La dialéctica ha sido, pues, por mucho tiempo el arte de la apariencia; por mucho tiempo también ha sido enseriada en lógica este arte de la apariencia bajo el nombre de arte de disputar. Durante este tiempo la lógica y la filosofía, no consistía más que en formar ciertos charlatanes para cohonestarlo todo con la suerte.

Mas nada puede haber más indigno de un filósofo que el estudio de semejante ciencia. La dialéctica así entendida, debe caer absolutamente en desuso, y debe ser reemplazada en la lógica por una crítica de esta apariencia.

Tenemos, pues, dos partes en la lógica: la analítica que expone los criterios formales de la verdad, y la dialéctica que abraza los signos y reglas según los cuales podemos saber si una cosa conforma o no con los criterios formales de la verdad, no obstante la apariencia en contrario. En este sentido, pues, la dialéctica tendrá, todavía una gran utilidad como cathártica del entendimiento.

2.°

Se divide también de ordinario la lógica, en natural o popular y artificial o científica (lógica *naturalis*, lógica *scholastica, seu artificialis*).

Mas esta división no es exacta, porque la lógica natural o la lógica de la razón pura (*sensus communis*) no es lógica, hablando con propiedad; es una ciencia antropológica que no encierra más que principios empíricos, puesto que se ocupa de las reglas del empleo natural del entendimiento y de la razón, reglas que solo se conocen de un modo concreto, sin haber por consecuencia en ella un conocimiento abstracto. La lógica artificial o científica merece solamente el nombre de lógica, como ciencia de las reglas generales y necesarias del pensamiento, reglas que pueden y deben ser adquiridas *a priori* independientemente del empleo natural y concreto del entendimiento y la razón, aunque no pueden hallarse más que por la observación de este empleo.

3.º

Hay todavía otra división de la lógica en teórica y práctica. Mas esta división es igualmente ilegítima.

La lógica universal, que como simple regla hace abstracción de todos los objetos, no puede tener ninguna parte práctica. Esto sería una contradicción en el adjetivo, puesto que una lógica práctica supone el conocimiento de objetos a los cuales sa aplica. Podemos, pues, llamar toda ciencia una lógica práctica, porque en toda ciencia debemos tener una forma del pensamiento. La lógica universal, considerada como práctica, no puede pues, ser otra cosa, que la técnica de la ciencia en general, un órgano del método escolástico.

Esta división, dará pues a la lógica, una parte dogmática y una parte técnica. La primera podría llamarse ciencia de los principios (Elementarlehre); la segunda, metodología. La parte práctica o técnica de la lógica, será un arte lógico, por lo que se refiero al orden y a la expresión lógicamente técnica y a la distinción; arte que serviría al entendimiento para facilitar su propia acción.

Mas en las dos partes (técnica y dogmática) no se debería prestar la menor atención, ya al objeto, ya al sujeto del pensamiento. Bajo este último aspecto, la lógica podría dividirse:

4.º

En lógica pura y lógica aplicada.

Mas en la lógica pura consideramos el entendimiento, abstracción hecha de las otras facultades intelectuales, no atendida mas que a lo que él hace por sí solo. La lógica aplicada, considera por el contrario, el entendimiento, en tanto que este se entrelaza con las demás facultades del alma, las que influyen sobre sus acciones y la marcan una dirección mixta u oblicua, de tal suerte, que no obra más que según las leyes que reconoce como reguladoras. La lógica aplicada no debería, pues, llamarse propiamente lógica. Es una psicología en la cual consideramos cómo se produce de ordinario el pensamiento, y no cómo debe producirse. En fin, ella enseña aun lo que es necesario hacer para emplear legítimamente nuestra inteligencia, entre los obstáculos y limitaciones subjetivas de toda clase que se oponen a su libre ejercicio.

Nosotros podemos igualmente aprender de ella lo que favorezca el legítimo empleo del entendimiento, los medios que se pueden usar para salvarla del error o sustraerla de él. Mas esto no es una propedéutica, porque la psicología que debe suministrarlo todo a la lógica aplicada, es una parte de las ciencias filosóficas, a las cuales la misma lógica debe servir de propedéutica.

Se dice, en verdad, que la técnica o la manera de organizar una ciencia, debe exponerse en la lógica aplicada; más esta es inútil y aun dañosa, porque en tal caso se empieza a edificar sin tener materiales; se da la forma, pero falta la, materia. La técnica debe ser expuesta en cada ciencia.

5.º

En fin, por lo que se refiere a la división de la lógica, en lógica del entendimiento común, (sentido común) y lógica del entendimiento especulativo, notamos que esta ciencia no puede dividirse de este modo.

No puede ser una ciencia del entendimiento especulativo, porque como lógica del conocimiento especulativo o del empleo de la razón especulativa, sería órgano de otras ciencias, y no una simple propedéutica, que debe entrar en toda aplicación del entendimiento y de la razón.

La lógica, no puede ser por más tiempo un producto del sentido común; el sentido común, es la facultad de percibir las reglas del conocimiento de un modo concreto (en aplicación), mientras que la lógica debe ser la ciencia de las reglas del conocimiento en abstracto.

Se puedo, sin embargo, tomar la razón humana en general como objeto de la lógica, en tanto que haga abstracción de las reglas particulares si de la razón especulativa, y se distingue por el hecho de la lógica del entendimiento especulativo.

6.º

En cuanto a la exposición de la lógica puede ser escolástica y popular.

Es escolástica, si es conforme al deseo de saber, a la capacidad y a la cultura de los que quieren tratar el conocimiento de las reglas lógicas como una ciencia.

Es popular, por el contrario, si se presta a las capacidades y necesidades de los que no estudian la lógica como ciencia, sino que únicamente quieren servirse de ella para mostrar el entendimiento. En la exposición escolástica, las reglas deben ser presentadas eu su universalidad o en abstracto; al contrario, en la exposición popular deben ser expuestas en particular o en conacto. La exposición escolástica es el fundamento, o mejor, la condición de la exposición popular: porque solo puede exponer cualquier cosa de una manera popular, aquel que también podría exponerla de una manera más fundamental.

Por lo demás, nosotros distinguimos aquí ɪa exposición del método. El método es la manera de entender como un determinado objeto a cuyo conocimiento aquella se aplica, puede ser perfectamente conocida. El método debe sacarse do la ciencia misma; mas como orden necesario y determinado del pensamiento, no puede cambiar. La palabra exposición significa solamente la manera de comunicar los pensamientos y de hacer una doctrina inteligible.

7.º

Con todo lo que hasta aquí llevamos dicho sobre la naturaleza y fin de la lógica, se puede desde luego apreciar el valor de esta ciencia y la utilidad de su estudio, conforme a una unidad de medida legítima y determinada.

La lógica no es, pues, el arte general de probar la verdad, ni un órgano de la verdad; esto es, no es una ciencia algebraica con cuya ayuda puedan descubrirse las verdades ocultas.

Mas esta ciencia es útil, indispensable aun como crítica del conocimiento; es decir, para el juicio crítico del sentido común y de la razón especulativa, no para mostrar las funciones del uno y de la otra, sino para hacerlos correctos y ponerlos de acuerdo consigo mismo, porque el principio lógico de la verdad es el acuerdo del entendimiento con sus propias; leyes generales.

8.º

En cuanto a la historia de la lógica, nosotros únicamente diremos:

Que la lógica moderna deriva de la analítica de Aristóteles. Este filósofo, puede, pues, ser considerado como el padre de la lógica. Él la presenta como un órgano, y la divide en analítica y dialéctica. Su modo de enseñar es muy escolástico, y tiende al desenvolvimiento de las nociones más generales que sirven de fundamento a la lógica. Hay en esto poca utilidad, puesto que casi todo allí degenera en pura sutileza. La mayor ventaja que de ella se puede sacar, es aprender la denominación de los diferentes actos del entendimiento.

Además, la lógica, después de Aristóteles, no ha adelantado mucho en cuanto al fondo. No puede adelantar mucho bajo este punto de vista, pero sí puede ganar mucho en exactitud, precisión y claridad. Hay muy pocas ciencias que pueden llegar a un estado constante y fijo. De este número son la lógica y la metafísica. Aristóteles no había olvidado ninguna operación del entendimiento; en esta solamente somos nosotros más exactos, más precisos y más metódicos.

Se creyó, a la verdad, que el órgano de Lambert mejoraría mucho la lógica; pero él no contiene más que divisiones útiles, las que, como todas las sutilezas permitidas agudizan el ingenio sin ser de ninguna utilidad esencial.

Entre los filósofos modernos no hay más que dos que hayan puesto en boga la lógica universal: Leibniz y Wolff.

Malebranche y Locke no han considerado la lógica propiamente dicha, puesto que no se han ocupado más que de la materia del conocimiento y del origen de las ideas.

La lógica universal de Wolff es la mejor de las conocidas hasta ahora. Algunos, como Reusch, la colocan al lado de la de Aristóteles.

Baumgarten ha hecho un gran beneficio a la ciencia, reduciendo la lógica de Wolff y Meyer, comentando a Baumgarten.

En el número de los lógicos modernos debe también ser contado Crusius, mas este no ha reflexionado bastante acerca de la verdadera naturaleza de la lógica, pues que su ciencia contiene principios metafísicos y traspasa de este modo los límites de la lógica. Además establece un criterio de verdad, como único, y deja para el hecho un libre curso a toda suerte de extravagancias.

En nuestros días no hay lógicos célebres. Nosotros no nos cuidamos de ningún nuevo descubrimiento en lógica, puesto que esta ciencia no contiene más que la forma del pensamiento.

- III - DIVISIONES DE LA FILOSOFÍA EN GENERAL. -FILOSOFÍA CONSIDERADA SEGÚN LA IDEA DE ESCUELA, Y LA IDEA QUE DE ELLA SE HA FORMADO EN EL MUNDO. -CONDICIÓN ESENCIAL PARA FILOSOFAR Y FIN QUE DEBEMOS PROPONERNOS AL FILOSOFAR. -PROBLEMAS MÁS ELEVADOS Y MÁS GENERALES DE ESTA CIENCIA

1.º

Algunas veces es difícil mostrar en qué consiste el objeto de una ciencia.

Sin embargo, la ciencia gana en precisión con la determinación rigurosa de su idea. Agrégase a esto, que con tal determinación se previenen muchas faltas que son inevitables cuando no se ha hecho la verdadera distinción entre esta ciencia y las que más semejanza guardan con ella.

Antes, pues, de esforzarse en dar la definición de la filosofía, debemos examinar los caracteres de los diferentes conocimientos en sí mismos, y como los conocimientos filosóficos forman parte de los conocimientos racionales, explicar especialmente en qué consisten estos últimos.

Los conocimientos racionales se llaman así, por oposición a los conocimientos históricos. Los primeros son conocimientos por principios (*ex principiis*); los segundos, conocimientos por datos (*ex datis*). Mas un conocimiento puede derivar de la razón y no ser, sin embargo, más que histórico; como si por ejemplo, un simple literato aprende las producciones racionales de otro, de este modo el conocimiento que adquiere de estas producciones intelectuales; es puramente histórico.

Se pueden distinguir los conocimientos:

1.º En cuanto a su origen objetivo: es decir, en cuanto a las únicas fuentes de donde puede emanar el conocimiento. Bajo este respecto, todos los conocimientos son, o racionales o empíricos.

2.º En cuanto a su origen subjetivo, es decir, en cuanto a la manera en que un conocimiento puede adquirirse por el hombre. Considerados bajo este último punto de vista, los conocimientos son o racionales o históricos, sea por lo demás cualquiera su origen. Un conocimiento puede, pues, ser histórico subjetivamente, aunque objetivamente sea un conocimiento racional.

Es perjudicial, en lo que se refiere a ciertos conocimientos racionales, no poseerlos más que bajo el punto de vista histórico; mas en otros es indiferente. Por ejemplo, el piloto de un buque conoce bajo el punto de vista histórico por sus tablas las reglas del arte de navegar, y esto le basta; pero si el jurisconsulto no sabe más que históricamente la jurisprudencia, será incapaz para administrar justicia, y mucho más todavía para hacer las leyes.

De la distinción hecha en los conocimientos racionales, según que son objetivos o subjetivos, se sigue, que se puede en cierto modo aprender la filosofía sin saber filosofar. Aquel que quiere ser un filósofo propiamente dicho, debe acostumbrarse a hacer libre uso de su razón y no a un ejercicio de imitación, y en cierto modo mecánico.

2.º

Hemos dicho que los conocimientos racionales son conocimientos por principios; de donde se sigue que estos conocimientos deben ser *a priori*. Por donde hay dos especies de conocimientos que ambos son *a priori*, pero que sin embargo, difieren mucho entre sí como por ejemplo, los de las matemáticas y los de la filosofía.

Se dice comúnmente que las matemáticas y la filosofía difieren entre sí en cuanto al objeto; en cuanto a, las primeras tratan de cantidades, y la segunda de cualidades. Todo esto es falso: la diferencia de estas ciencias no puede provenir del objeto, porque la filosofía lo abraza todo y por consiguiente la cantidad; es el objeto de la filosofía el mismo que el de las matemáticas, en el sentido de que en todo se comprende la cantidad. La diferencia específica de los conocimientos racionales o de la aplicación de la razón en las matemáticas y la filosofía, constituye la verdadera diferencia entre dichas ciencias. De este modo la filosofía es el conocimiento racional por medio de simples ideas, y las matemáticas, por el contrario, consisten en el conocimiento racional por medio de la combinación de las ideas.

Se dice, que combinamos las ideas cuando las exponemos en intuición *a priori* sin auxilio de la experiencia, o citando nos representamos el objeto que corresponde a la idea que de él tenemos. El matemático nunca puede servirse de su razón aplicada a simples ideas; la filosofía, por el contrario, no se sirve jamás de la ciencia para la combinación de las ideas. En las matemáticas la aplicación de la razón es concreta, pero la intuición no es empírica; sin embargo, se considera cualquier cosa *a priori* por el objeto de la intuición.

En esto, como se ve, tienen las matemáticas una ventaja sobre la filosofía; y es que sus conocimientos son intuitivos, mientras que los de la filosofía son discusivos. Mas la razón por la que consideramos más bien las cantidades en matemáticas, es porque las cantidades pueden ser construidas en intuiciones *a priori*, mientras que las cualidades no pueden ser representadas en intuición.

3.º

La filosofía es, pues, el sistema de los conocimientos filosóficos, o de los conocimientos racionales, por medio de ideas. Tal es la idea que la escuela forma de esta ciencia.

Según el sentido común, es la ciencia de los últimos fines de la razón humana.

Esta idea elevada da una dignidad, es decir, un valor absoluto a la filosofía.

Y realmente es la sola ciencia que no tiene más que un valor intrínseco, y este lo da a los otros conocimientos.

En fin, a pesar de esto, se pregunta siempre ¿de qué sirve el filosofar, y cuál es el fin de la filosofía, aun considerando la filosofía como ciencia, según la idea de la escuela?

En la significación escolástica de la palabra, filosofía no significa más que capacidad, habilidad (Geschicklichkeit); más con la significación que le da el sentido común, quiere decir también utilidad. En el primer sentido, la filosofía es una ciencia de la capacidad; en el segundo es una ciencia de la sabiduría, es la legisladora de la razón: de suerte que la filosofía es un legislador y no un artista en materias de razón.

El artista en materia de razón, o el filodoxo como lo apellida Sócrates, no aspira más que a una ciencia especulativa, sin apercibirse por esto de cuanto contribuye la ciencia al fin ulterior de la razón humana: él da reglas para la aplicación de la razón a toda clase de fines arbitrarios. El filósofo práctico, el que enseña la sabiduría por medio de su doctrina y sus ejemplos, es hablando con propiedad el solo filósofo; porque la filosofía es la idea de una perfecta sabiduría, en virtud de la que conocemos el fin supremo de la razón humana.

La filosofía escolástica abraza dos partes:

La primera se compone de una gran suma de conocimientos racionales.

La segunda la constituye un conjunto sistemático de estos conocimientos, o sea la unión de ellos en la idea de un todo. No solamente la filosofía permite una composición sistemática tan limitada, sino que es la sola ciencia que en rigor posee un conjunto sistemático, y la que da unidad sistemática a las demás ciencias.

Pero la filosofía en el sentido que le da el vulgo (in sensu cósmico), puede también llamarse una ciencia de las, máximas supremas del ejercicio de la razón, en tanto qua se ocupa por medio de máximas del principio interno de la elección sobre diferentes fines.

Porque la filosofía en este último sentido, es aun la ciencia de la relación de todo conocimiento y del ejercicio de la razón, al fin último de la razón humana, como fin supremo, al cual todos están subordinados, y en el cual concurren todos para formar uno solo.

El contenido de la filosofía en este sentido vulgar, da origen a las cuestiones siguientes:

1.ª ¿Qué puedo yo saber?
2.ª ¿Qué debo yo hacer?
3.ª ¿Qué se necesita esperar?
4.ª ¿Qué es el hombre?

La metafísica contesta a la primera pregunta, la moral a la

segunda, la religión a la tercera y la antropología a la cuarta. Pero en el fondo se podrían todos contestar, por la antropología, puesto que las tres primeras cuestiones se reducen a la última.

La filosofía por consiguiente, debe poder determinar:

1.º Las fuentes del saber humano.
2.º Los límites del uso posible y útil de toda ciencia.
3.º Por último, los límites de la razón.

La última cuestión es siempre la más difícil y la más importante; sin embargo, el filodoxo no se ocupa de ella.

Un filósofo debe reunir dos cualidades principales:

1.ª La cultura del talento y la capacidad para hacer servir el uno al otro, y a toda clase de fines.
2.ª La habilidad (Fertigkeit) en el empleo de todos los medios para los fines que se proponga. Estas dos cosas deben marchar unidas; porque, nunca sin conocimientos no seremos nunca filósofos; pero tampoco estos conocimientos por sí solos harían el filósofo, si la unión regular y ordenada de todos ellos y de las capacidades no vinieran a formar unidad, y esta alianza fuese iluminada por los fines supremos de la razón humana.

En general no puede apellidarse filósofo, aquel que no puede filosofar. Por donde, no se filosofa más que por el ejercicio, y aprendiendo a usar de la propia razón.

Mas, ¿cómo se debe aprender la filosofía?

Todo pensador filósofo eleva, por decirlo así su propia obra sobre las ruinas de la de otro; jamás ha habido una obra de tal solidez que no pueda ser atacada en alguna de sus partes. No se puede, pues, aprender la filosofía en el fondo porque todavía no está formada. Aun admitiendo que exista realmente una, el que la aprendiera no podría llamarse filósofo, porque el conocimiento que de ella en tal caso tendría, nunca sería más que subjetivamente histórico.

Sucede, otra cosa en matemáticas en cierto modo se puede aprender esta ciencia, porque en ellas las pruebas son tan evidentes que cada cual puede convencerse de ella: así las matemáticas pueden ser consideradas, en razón de su evidencia, como una ciencia cierta y estable.

El que quiera aprender a filosofar ne debe considerar todos los sistemas filosóficos más que como historias del ejercicio de la razón, y como objetos propios para adornar un talento filosófico. El verdadero filósofo, como libre pensador, debe usar propia e independientemente de su razón y no emplearla de una manera servil. Pero no debe emplearla en forma dialéctica, es decir, en una forma que tendrá que dar a los conocimientos cierta apariencia de verdad y sabiduría que en realidad no tendrán.

Esta es una obra digna de los sofistas, incompatible con la dignidad del filósofo como poseedor y preceptor de la sabiduría.

En efecto; la ciencia no tiene un valor intrínseco más que a título verdadero de órgano o expresión de la sabiduría. Mas a este título le es tan indispensable, que bien se puede decir que la sabiduría sin la ciencia es de una perfección a la cual jamás llegaríamos.

El que aborrece la ciencia, pero ama además la sabiduría, se llama misólogo. La misología proviene comúnmente de falta de conocimientos científicos y de una especie de barbarie. Algunas veces caen también en la misología aquellos que al principio han corrido tras las ciencias con gran aplicación y fortuna, y, sin embargo, no han podido hallar ninguna satisfacción verdadera en su saber.

La filosofía es la sola ciencia que nos enseña a procurarnos esta satisfacción interior: ella cierra en cierto modo el círculo científico, y las ciencias reciben de ella sola, todo orden y sistema.

Nosotros debemos dirigir nuestra atención, en el ejercicio de nuestro libre pensamiento o en la filosofía, más bien al método que conviene seguir en el ejercicio de la razón, que a los principios mismos que alcanzamos por medio de aquel.

- IV - LIGERO BOSQUEJO DE UNA HISTORIA DE LA FILOSOFÍA

1.º

No es muy fácil fijar el límite donde acaba la aplicación común del entendimiento, y en donde empieza la aplicación especulativa del mismo, es decir, cuando el conocimiento común racional viene a ser filosófico.

Un carácter algo seguro es, sin embargo, el de que el conocimiento de lo general en abstracto es un conocimiento especulativo, mientras que el conocimiento de lo general en concreto es un conocimiento común.

El conocimiento filosófico es, en efecto, el conocimiento especulativo de la razón: comienza, pues, sus investigaciones en el ejercicio común de la razón finita, es decir, en el conocimiento de lo general en abstracto.

Gracias a esta determinación entre el ejercicio común de la razón y el especulativo, se puede juzgar si un pueblo ha sido o no filósofo, y recorriendo la historia de los diferentes pueblos, decidir cuál es aquel en que parece haber tenido su origen la filosofía.

Los Griegos, según esto, parece que han sido entre todos los pueblos los primeros que probaron a hacer aplicación de los conocimientos racionales de una manera abstracta, no haciendo caso de las imágenes, en vez de que en los demás pueblos, para hacer sensibles sus nociones de una manera concreta, nunca lo han procurado más que por medio de aquellas. Todavía hoy hay pueblos como los chinos y algunos de la India, que, a la verdad, se ocupan de cosas que son propias exclusivamente de la razón pura, como Dios, la inmortalidad del alma, etc.; pero sin investigar de una manera abstracta por nociones y leyes la naturaleza de estos objetos.

Ellos distinguen entre el ejercicio de la razón en concreto y el ejercicio abstracto de la misma.

En los Persas y los Árabes hallamos un cierto ejercicio especulativo de la razón; más estos pueblos siguen en esto las reglas de Aristóteles: las han tomado, pues, de los Griegos. En el Zend Avesta de Zoroastro (800 años antes de J. C.) no se encuentra el menor vestigio de filosofía. Se puede decir además, según aparece de la sabiduría tan ensalzada de que no era más que un verdadero juego de niños en comparación de la filosofía griega.

En matemáticas, como en filosofía, los Griegos han sido los primeros en cultivar de una manera científica esta parte del conocimiento racional, puesto que ellos; han demostrado cada teorema por principios.

El primero que se sabe que estableció el ejercicio de la razón especulativa y cuyos esfuerzos se dirigieron a la cultura del espíritu humano, es Thales, jefe de la secta jónica. Fue apellidado el físico aunque también era matemático: en general, los matemáticos han precedido a la filosofía.

Por lo demás, los primeros filósofos lo rodeaban todo de imágenes y de figuras; porque la poesía, que no es otra cosa que el pensamiento revestido de imágenes, es más antigua que la prosa. Por consiguiente, en las mismas cosas que son de puros objetos de la razón, se debió primitivamente hablar de una manera figurada, y no escribirse más que al modo de los poetas. Ferecides, un pitagórico, pasa por haber sido el primero que escribió en prosa.

Después de los jonios vinieron los eleatas. El principio fundamental de la filosofía eleática y de su fundador Xenofanes era, que los sentidos no dan a conocer más que ilusión y vana apariencia, y que la fuente de la verdad se halla solamente en la razón.

Entre los filósofos de esta época se distingue Zen, hombre de gran sentido, de gran penetración y dialéctica útil.

La dialéctica era considerada antiguamente como el arte de ejercitar la razón pura, relativamente a nociones apartadas de toda materia sensible. De aquí el gran elogio hecho por los antiguos a este arte. Por consecuencia, los filósofos que rechazaban totalmente el testimonio de los sentidos, debieron necesariamente caer en muchas sutilezas, y la dialéctica degeneró en arte de sostener y combatir toda proposición. Para los sofistas que querían razonar sobre todo y dar al error la apariencia de la verdad, la dialéctica no era más que el arte de embrollarlo, todo. Por esto, el nombre de sofista, que antiguamente significaba un hombre capaz de hablar de todo con razón y penetración, se hizo tan odiosa y despreciable, que fue reemplazado con el de filósofo.

2.°

En el tiempo en que la escuela jónica florecía, apareció en la gran Grecia un hombre de un genio singular, que no solamente fundó una escuela, sino que además concibió y puso en ejecución un proyecto que a ningún filósofo jamás se le había ocurrido: este hombre era Pitágoras, nacido en Samos. Él fundó una sociedad de filósofos, reunidos en una comunidad por la ley de la discreción. Sus discípulos se dividían en dos clases: en meros oyentes ([akroamatikoí]) los que no tenían derecho de tomar parte en las disputas, y oyentes que tenían este derecho y que podían cuestionar ([mathematikoí]).

Entre sus doctrinas se distingue la exotérica que el exponía a todo el mundo, y una otra esotérica que era secreta destinada a solo los miembros de la comunidad que él admitía en su sociedad más íntima y que aislaba completamente de los demás.

La física y la teología, la ciencia de lo sensible y de lo no sensible eran por tanto en cierto modo, el vínculo de la doctrina secreta.

Pitágoras tenía también diferentes símbolos, que no eran al parecer más que ciertos signos que servían a los que los empleaban para entenderse mutuamente.

El objeto de la comunidad no parece haber sido otro, que el purgar la religión de creencias groseras, templar la tiranía o introducir en el Estado una buena forma de gobierno. Esta comunidad que los tiranos comenzaban a temer, fue destruida poco tiempo antes de la muerte de Pitágoras, y la sociedad filosófica fue disuelta tanto por las persecuciones y la muerte, como por la fuga de un gran número de sus miembros: los pocos que quedaron eran novicios; y como estos no debieron tener una gran participación en las doctrinas de su maestro, nada de cierto se puede afirmar de esta doctrina.

Se atribuyen por esto a este filósofo, que era por otra parte, un gran matemático, muchas doctrinas que no son ciertamente más que ficciones.

Los demás pitagóricos más célebres de esta época son, Ferecides, Filolans y Archytas.

3.º

La época más importante de la filosofía griega empieza con Sócrates. (400 años antes de J. C.)

Este fue el que dio a todos los espíritus especulativos y por consecuencia al espíritu filosófico, una dirección práctica enteramente nueva. Así se le ha considerado casi como el único de entre los hombres, cuya conducta se ha acercado más al ideal de la sabiduría.

En el número de sus discípulos se encuentra especialmente Platón (348 años antes de J. C.), el que dio una preferencia grande en su atención a las doctrinas de Sócrates. Entre los discípulos de Platón, Aristóteles fue el más célebre: este dio a la filosofía especulativa un nuevo impulso mucho mayor que los que le habían precedido.

Después de las grandes escuelas de Platón y de Aristóteles, aparecen las de los Epicúreos y de los Estoicos, que fueron declarados unos de otros.

Los primeros hacían consistir el soberano bien en la alegría del corazón, a que ellos llamaban voluptuosidad. Los otros la hallaban en la elevación y vigor del espíritu, cualidades que permiten sufrir todas las contrariedades en la vida.

Los estoicos eran por lo demás, dialécticos en la filosofía especulativa, dogmáticos en la filosofía moral, y mostraban en sus principios prácticos por medio de los que esparcían el germen de los más nobles sentimientos, una dignidad extraordinaria. El fundador de esta escuela fue Zen de Citium. Los hombres más célebres de la misma escuela entre los filósofos Griegos, son Cleantes y Crisipo.

Jamás la escuela de Epicuro pudo alcanzar un renombre como el de la escuela estoica. Por lo demás, los epicúreos eran más modernos en sus placeres, y fueron los físicos más distinguidos entre todos los sabios de la Grecia.

Además, es necesario notar aquí que las principales escuelas griegas tuvieron nombres particulares. Así la escuela de Platón tomó el nombre de Academia; la de Aristóteles se llamó Liceo; la de Zen, Pórtico ([stoá]) de un paseo cubierto que dio su nombre a los estoicos; la de Epicuro, Jardines, porque Epicuro enseñaba en jardines.

Además de la Academia de Platón, hubo otras tres que fueron fundadas por sus discípulos: la primera tuvo por jefe a Spensippo (339); la segunda a Arcesilos (339 años antes de J. C.) y la tercera a Carneades (128 años antes de J. C.)

Estos académicos se inclinaban al escepticismo; porque Spensippo y Arcesilos basaron sus doctrinas en la duda, y Carneades fue todavía más allá que ellos.

Por esta razón es por lo que los escépticos, estos dialécticos útiles, también han sido llamados académicos.

Los académicos seguirán, pues, al menos en parte, al primer gran escéptico Pirron y sus sucesores. Platón les había dado noticias al establecer el pro y la contra en sus enseñanzas dialogadas, sin decidirse en uno u otro sentido, al menos de una manera explícita y positiva, aunque de otro lado fue muy dogmático.

Señalando como punto de partida del escepticismo la época de Pirron, se cuenta una escuela de escépticos que se distinguen esencialmente de los dogmáticos en sus opiniones y manera de filosofar, puesto que aquellos tenían como regla de todo ejercicio filosófico de la razón, este: *que es necesario abstenerse de juzgar, aun cuando haya gran apariencia de verdad;* y habían consagrado este principio: *que la filosofía consiste en suspender todo juicio, y nos enseña a descubrir toda falsa apariencia.* No nos queda de los escritos de estos escépticos, más que las dos obras de Sexto Empírico[1] donde reunió todas las dudas de su escuela.

4.°

La filosofía pasó de Grecia a Roma, pero sin progresar en nada; los romanos no fueron nunca más que escolásticos.

Cicerón (43 años antes de J. C.) era discípulo de Platón en metafísica, y estoico en moral.

Los más célebres entre los estoicos, son: Epicteto (89 años después de J. C.). Antonino el Filósofo (181) y Séneca (65 años después de J. C.). No hubo físicos entre los Romanos, más que Plinio que ha dejado una historia natural.

Por último, la ciencia desapareció de entre los romanos para dar lugar a la barbarie, hasta que los árabes en los siglos VI y VII empezaron a cultivar las ciencias, y elevaron en gran manera a Aristóteles. Entonces renacieron dos ciencias en Occidente. Se estudió principalmente a Aristóteles; se le seguía ciegamente.

Los escolásticos predominaron en los siglos XI y XII. Explicaban a Aristóteles y conducían con sus sutilezas al infinito. Este falso método escolástico desapareció, por último, en la época de la reforma. Entonces aparecieron dos hombres de un talento original e independiente, de libres pensamientos que no se adhirieron a ninguna escuela, sino que buscaban y tomaban la verdad en donde quiera que la hallaban.

5.º

La filosofía debe una parte de su adelanto en los tiempos modernos, de un lado al mayor estudio de la naturaleza, y de otro a la aplicación de las matemáticas a la física.

El método que el estudio de estas ciencias hace adquirir en la dirección del pensamiento, se extiende también a las diferentes partes de la filosofía propiamente dicha.

El primero y el más grande de los físicos modernos fue Bacon de Verulam. Este siguió en sus investigaciones el camino de la experiencia y llamó la atención de los sabios sobre la importancia y la necesidad de las observaciones, y de la experimentación para descubrir la verdad. Es por lo demás muy difícil fijar con precisión de dónde viene el mejoramiento de la filosofía especulativa. Descartes ha contribuido en gran manera a ella, puesto que hizo mucho para dar claridad al pensamiento, poniendo por criterio de la verdad la claridad y la evidencia del conocimiento.

Entre, los reformadores contemporáneos más célebres de la filosofía y que han prestado servicios más señalados a esta ciencia, es necesaria contar a Leibniz y Locke.

Este procuró descomponer el entendimiento humano y hacer ver cuáles son las facultades y operaciones que se presentan en tal o cual conocimiento. Mas no terminó su empresa. Su procedimiento es dogmático, aunque hizo notar la utilidad de comenzar mejor a estudiar por la naturaleza del alma y de una manera más fundamental.

En lo que concierne particularmente al método dogmático de

Leibniz y Wolff en filosofía, es necesario convenir que era defectuoso; hay en él tanto de ilusión, que es necesario renunciar enteramente a su uso y reemplazarlo con otro; con el método crítico, que consiste en el estudio del procedimiento de la misma razón, en el análisis y examen del conjunto de nuestras facultades intelectuales para saber cuáles son los límites de ellas.

En nuestros días, la filosofía de la naturaleza se halla en el estado más floreciente y hay entre los físicos nombres notables, por ejemplo, Newton. Como filósofos modernos no se conoce al presente cuáles son aquellos cuyos nombres deben quedar como tales, puesto que ahora todo pasa como una sombra. Lo que el uno hace, el otro lo deshace.

En filosofía moral no estamos más adelantados que los antiguos. En metafísica tenemos la vanidad de hallarnos embarazados con la investigación de las verdades de ésta especie. Hay al presente tal indiferencia por esta ciencia, que parece gracioso hablar con desprecio de las investigaciones metafísicas, como de vanas sutilezas. Y, sin embargo, la metafísica es la verdadera filosofía, la filosofía propiamente dicha.

Nuestro siglo es el siglo de la crítica. Resta saber, qué resultará de los trabajos críticos de nuestra edad respecto de la filosofía y a la metafísica en particular.

---

1. Vivía la primera en mitad del siglo III de nuestra era.

- V - DEL CONOCIMIENTO EN GENERAL. -CONOCIMIENTO INTUITIVO, CONOCIMIENTO DISCURSIVO; INTUICIÓN Y NOCIÓN; SU DIFERENCIA EN PARTICULAR .- PERFECCIÓN LÓGICA, Y PERFECCIÓN ESTÉTICA DEL CONOCIMIENTO

1.º

Todo conocimiento es una doble relación, de una parte al objeto y de la otra al sujeto. Bajo el primer punto de vista, se refiere a la representación; bajo el segundo, a la conciencia universal de todo conocimiento en general.

La conciencia es propiamente la idea de otra idea que tenemos.

En todo conocimiento es necesario distinguir la materia, es decir, el objeto, y la forma, esto es, la manera con que nosotros conocemos el objeto. -Un salvaje, por ejemplo, ve de lejos una casa, de la cual desconoce el uso: este objeto, en verdad, se le representa como podría serlo para otro que lo conociese determinadamente, como una habitación propia para el uso del hombre. Más en cuanto a la forma, este conocimiento del mismo objeto es diferente en cada uno de ellos; en el uno es una simple intuición, en el otro es intuición y noción al mismo tiempo.

La diferencia formal del conocimiento descansa en una condición que acompaña a todo conocimiento, y es la conciencia; si yo tengo conciencia de una idea, esta será clara; si yo no tengo conciencia de ella, será oscura.

La conciencia, es la condición esencial de toda forma lógica del conocimiento. La lógica no puede ni debe ocuparse más que de ideas claras y no de ideas oscuras. No se ve en lógica como nacen las ideas, sino la manera de conformarlas con la forma lógica. -La lógica no puede tratar de simples representaciones ni de su posibilidad; esto es propio de la metafísica. La lógica no se ocupa más que de las reglas del pensamiento en las nociones, los juicios y los razonamientos. Sin duda, alguna cosa pasa en el espíritu antes de que una representación venga a convertirse en noción, esto lo haremos ver en su lugar. Más nosotros no investigamos el origen de las ideas. La lógica trata, es verdad, del conocimiento con conciencia, puesto que el pensamiento ocupa ya el lugar de un parecido conocimiento. Mas la idea o representación no es todavía conocimiento, aunque el conocimiento supone siempre representación. Esto último no se puede explicar de un modo absoluto: no se puede hacer más que presentar una representación por medio de otra.

Todas las representaciones claras, únicas a las que se aplican las reglas lógicas, se pueden dividir en cuanto son claras, en mayor o menor grado. Cuando tenemos conciencia de toda la representación, mas no de toda la diversidad de elementos que en ella se contiene, entonces la representación no es clara.

Pongamos un ejemplo, desde luego, en las intuiciones para explicar el hecho: nosotros percibimos A lo lejos una casa de campo. Si tenemos conciencia de que el objeto percibido es una casa, nos formamos necesariamente a la vez una representación de las diferentes partes de esta casa, de las ventanas, de las puertas, etc.: mas no por esto tenemos conciencia de la diversidad de sus partes, y la representación que nos formamos del objeto pensado, no es en consecuencia más que una representación oscura.

¿Queremos de otro lado tener un ejemplo de la falta de claridad en las nociones?

Pongámosle acerca de la belleza. Esta noción es compleja; comprende muchos elementos, entro otros, que el objeto bello debe ser una cosa tal, primero que caiga bajo el dominio de los sentidos, y segundo que agrade generalmente. Si no nos podemos dar cuenta de estos diversos elementos de la belleza, y de otros todavía más, entonces la noción que de él nos hayamos formado no es todavía clara.

Los Wolffianos llaman la representación oscura una representación confusa. Mas esta expresión no conviene, en razón de que lo opuesto a la confusión no es la claridad sino el orden.

Todavía más; si es propio decir que la claridad es un efecto del orden, y la oscuridad un efecto del desorden, y que por tanto, todo conocimiento confuso es a la vez un conocimiento oscuro, lo recíproco no es cierto, esto es, que todo conocimiento oscuro no es por esto confuso. En efecto, en los conocimientos cuyo objeto es simple, no hay orden ni desorden, ni por consiguiente confusión real, ni aun posible.

En consecuencia, las representaciones simples no vienen a ser nunca claras; no porque haya en ellas confusión, sino porque no contienen variedad de elementos. Cuando no son claras, se puede decir que son oscuras, más no que son confusas.

En las representaciones compuestas, donde es posible distinguir una diversidad de elementos, la oscuridad no viene muchas veces de la confusión, sino de la fragilidad de la conciencia. Una cosa puede ser clara en cuanto a la forma, es decir, que se puede tener conciencia de la variedad en la representación; más la claridad puede disminuir en cuanto a la materia, si el grado de conciencia disminuye, aunque el orden exista en los elementos de la noción.

Tal es el caso de las representaciones abstractas.

La claridad se puede dividir en dos clases:

1.ª Sensible. Esta consiste en la conciencia de la variedad en la intuición. Yo veo, por ejempló, la vía láctea como una banda blanquecina: los rayos luminosos de todas las estrellas que en ella se encuentran, necesariamente deben haber frotado mis ojos. Mas la representación que yo tengo de ellos no es clara; esta representación no viene a ser lúcida más que por medio del telescopio, puesto que yo percibo entonces una a una las estrellas que se encuentran en dicha vía.

2.ª Intelectual. Es la lucidez de las nociones, o la lucidez intelectual. Esta descansa sobre la descomposición de la noción respecto a la variedad que contiene. Así es, por ejemplo, que en la noción de la virtud se contienen como elementos: 1.º la libertad; 2.º la sumisión al deber; y 3.º la sujeción a la ley de las inclinaciones contrarias. Descomponiendo así la noción de la virtud en sus elementos, se hace lucida. Mas nada se añada a, la noción con esta lucidez, no se hace más que explicarla. Las nociones no se mejoran, pues, por la lucidez en cuanto a la materia, sino solamente en cuanto a la forma.

2.º

Si reflexionamos acerca de nuestros conocimientos, por lo que se refiere a dos facultades fundamentales esencialmente diferentes de las cuales se originan aquellos, la sensibilidad y el entendimiento, encontramos, bajo el punto de vista que nos ocupa, una gran diferencia entre las intuiciones y las nociones.

Considerados bajo este respecto todos nuestros conocimientos, son, en efecto, o intuiciones o nociones. Los primeros tienen su origen en la sensibilidad, facultad de las intuiciones; los segundos en el entendimiento, facultad de las nociones.

Tal es la diferencia lógica entre el entendimiento y la sensibilidad; que la sensibilidad no da más que intuiciones, mientras que por el contrario, el entendimiento no da más que nociones. Se pueden considerar todavía las facultades fundamentales bajo otro aspecto, y definirlas de otra manera, a saber: la sensibilidad como una facultad de la receptividad, y el entendimiento como una facultad de la espontaneidad. Mas esta especie de definición no es lógica; es metafísica. Se llama ordinariamente también la sensibilidad, facultad, inferior; el entendimiento, por el contrario, facultad superior, en razón de que la sensibilidad simplemente suministra la materia del pensamiento, mientras que el entendimiento obra sobre ella y la somete a reglas.

Esta diferencia entre los conocimientos intuitivos y los conocimientos discursivos, es decir, entre las intuiciones y las nociones, sirve de fundamento a la diferencia entre la perfección estética del conocimiento y su perfección lógica.

Un conocimiento puede ser perfecto en cuanto a las leyes de la sensibilidad o en cuanto a las leyes del entendimiento: en el primer caso es perfecto estéticamente; en el segundo, lógicamente. La perfección estética y la perfección lógica son de especie diferente; la primera se refiere a la sensibilidad y la segunda al entendimiento. La perfección lógica del conocimiento descansa sobre su acuerdo con el objeto, por tanto, sobre las leyes universales legítimas, y pide por consiguiente, ser apreciada *a priori* según las reglas. La perfección estética consiste en el acuerdo del conocimiento con el sujeto, y se funda en la sensibilidad particular del hombre. No tiene, pues, lugar en la perfección estética ninguna de las leyes objetiva y universalmente legítimas, con relación a las cuales pueda juzgarse *a priori* esta perfección de una manera universalmente válida por todo ser que piensa. Sin embargo, en tanto que hay leyes universales de la sensibilidad que no tienen valor objetivo, y en general para todo ser que piensa, y tienen, no obstante, un valor subjetivo para toda la humanidad, se concibe una perfección estética que contiene la razón de un placer subjetivamente universal. Tal es la belleza, que agrada a los sentidos en la intuición, y que precisamente por esta razón puede ser el objeto de un placer universal, puesto que las leyes de la intuición son leyes universales de la sensibilidad.

Por este acuerdo con las leyes universales de la sensibilidad, la belleza propia, absoluta, cuya esencia consiste en la simple forma, se distingue en cuanto a la especie de lo agradable que agrada solamente en la sensación por el atractivo o la emoción, y que por esta razón no puede ser de este modo más que el principio de un goce puramente individual.

Es también esta perfección estética, esencial, la que se relaciona entre todas con la perfección lógica y se une con ella del mejor modo posible.

Considerada en este sentido la perfección estética, por lo que se refiere a esta belleza esencial, puede ser ventajosa a la perfección lógica. Mas de otro lado ella puede serle también perjudicial, en tanto que no miramos en la perfección estética más que una belleza accidental, a lo que atrae y lo que conmueve, que agrada a los sentidos en la simple sensación, y se refiere no a la simple forma, sino a la materia de la sensibilidad. Porque el atractivo y la emoción pueden corromper en alto grado la perfección lógica, en nuestros conocimientos y nuestros juicios.

Sin duda que queda siempre entre la perfección estética y la perfección lógica de nuestro conocimiento, una especie de oposición que no puede disiparse completamente. El entendimiento quiere ser instruido, la sensibilidad excitada, animada; el primero aspira al conocimiento profundo; el segundo a la facilidad de concepción.

Todos los conocimientos para instruir, deben a este título ser fundamentales, al mismo tiempo que deben interesar. Bajo este último punto de vista deben también ser bellos. Si una exposición es bella, pero superficial, no puede satisfacer más que a la sensibilidad, más no al entendimiento; si por el contrario, es fundamental, pero árida, no puede satisfacer más que al entendimiento, más no al mismo tiempo a la sensibilidad.

Como es una necesidad de la naturaleza humana, que el objeto del conocimiento común exige, que procuremos reunir estas dos perfecciones, debemos tener el ánimo de dar una perfección estética a los conocimientos que en general son susceptibles de ella, y hacer común por la forma estética un conocimiento escolástico lógicamente perfecto. Al procurar unir la perfección estética a la perfección lógica en nuestros conocimientos, no debemos perder de vista las reglas siguientes: 1.ª que la perfección lógica es la base de todas las otras, y que por consiguiente no deben ser un nuevo accesorio de ninguna otra ciencia, ni estarle subordinada; 2.ª que es necesario principalmente dirigir la atención a la perfección formal estética (el acuerdo de un conocimiento con las leyes de la intuición), puesto que esto es precisamente lo que constituye la belleza esencial, la más propia para unirse a la perfección lógica; 3.º que es necesario ser muy circunspecto en hacer obrar el atractivo y lo patético, por medio de los cuales un conocimiento opera sobre la sensación y le da interés, puesto que la atención puede fácilmente extraviarse respecto del objeto y volver sobre el sujeto; de donde podría resultar una influencia muy perniciosa sobre la perfección lógica del conocimiento.

3.º

A fin de no dejar en la vaguedad las generalidades relativas a las diferencias esenciales entre la perfección lógica y la perfección estética del conocimiento, y para profundizar sobre aquellos puntos particulares, compararemos una y otra bajo los cuatro aspectos de la cantidad, la cualidad, la relación y la modalidad, únicas cosas que se tratan en el juicio (crítico) de la perfección lógica del conocimiento.

Un conocimiento es perfecto: 1.º en cuanto a la cuantidad, cuando es universal; 2.º en cuanto a la cualidad, si es lúcido; 3.º en cuanto a la relación, si es verdadero; 4.º en cuanto a la modalidad, si es cierto.

Considerado bajo estos puntos de vista, un conocimiento es, pues, lógicamente perfecto en cuanto a la cuantidad, si es general objetivamente, esto es, tiene generalidad en lo que se refiere a la noción o a la regla; lo es en cuanto a la relación, si tiene verdad objetiva; lo es, por último, en cuanto a la modalidad, si tiene certeza objetiva.

A estas tres clases de perfección lógica, corresponden hoy perfecciones estéticas relativas a los cuatro momentos principales, a saber:

1.º *La generalidad estética.* Esta consiste en la aplicación de un conocimiento a una muchedumbre de objetos que pueden servir de ejemplos, a los cuales se puede hacer la aplicación de este conocimiento, y por medio de los mismos se la puede hacer servir al fin de la popularidad.

2.º *La lucidez estética.* Es la lucidez de la intuición, por medio de la cual, una noción abstractamente pensada, es expuesta y explicada en concreto por medio de ejemplos.

3.º *La verdad estética.* Una verdad simplemente subjetiva, que no consiste más que en el acuerdo del conocimiento con el sujeto y con las leyes de la apariencia sensible, y no es, por con siguiente, más que una apariencia general.

4.º *La certeza estética.* Esta descansa sobre aquello que es consecuencia necesaria del testimonio de los sentidos, es decir, con lo que es conforme con la sensación y la experiencia.

Siempre hay en estas clases de perfección dos elementos que forman con su unión armónica la perfección en general, y son la *variedad* y la *unidad.* El entendimiento da unidad a la noción, y los sentidos a la intuición.

La variedad sola, sin unidad, no puede agradar. La variedad es, pues, la perfección principal, puesto que ella es el fundamento de la unidad, por medio de la relación que aquella establece entre el conocimiento y el objeto. En la misma perfección estética, la verdad es siempre la condición *sine qua non,* la suprema condición negativa, sin la cual una cosa no puede generalmente agradar. Ningún progreso puede esperarse en las bellas artes, si no se funda el conocimiento de ellas en la perfección lógica. Así es, que en la fusión más íntima posible de la perfección lógica y de la perfección estética en general, por lo que se refiere a conocimientos que deben instruir e interesar a la vez, es en lo que se muestra realmente también el carácter y la habilidad del genio.

- VI - PERFECCIÓN LÓGICA DEL CONOCIMIENTO EN CUANTO A LA CUANTIDAD. -CUANTIDAD. -CUANTIDAD EXTENSIVA -INTENSIVA. -EXTENSIÓN Y FUNDAMENTO O IMPORTANCIA Y FECUNDIDAD DEL CONOCIMIENTO. -DETERMINACIÓN DE LA ESFERA DE NUESTROS CONOCIMIENTOS

1.º

La cuantidad del conocimiento es extensiva o intensiva: extensiva, si se trata de la extensión de su esfera o del número de objetos que abraza: intensiva, si se trata de su valor, de su importancia (Vielgñdtigkeit) o de su fecundidad lógica, en tanto que puede ser principio de grandes y numerosas consecuencias (*non multa, sed multum*).

Cuando se trata de extender nuestros conocimientos, o de perfeccionarlos en cuanto a la extensión, es bueno considerar la relación con nuestros fines y nuestras capacidades. Esto es lo que se llama determinar el horizonte de nuestros conocimientos. Es necesario para resolver este problema, establecer la relación de la cuantidad de todos los conocimientos con las capacidades y los fines del sujeto.

Esta esfera puede determinarse:

1.º *Lógicamente*, en cuanto a la facultad de conocer o a la inteligencia propiamente, por lo que se refiere al interés del entendimiento. Nosotros debemos decidir en este caso hasta dónde podemos alcanzar en el conocimiento, qué progreso podemos hacer en él, y hasta qué punto pueden servir ciertos conocimientos en el sentido lógico, como medio de llegar a tales o cuales otros que son el objeto especial de nuestro estudio.

2.º *Estéticamente*, en cuanto al gusto, en lo que se refiere al interés del sentimiento. Aquel que determina estéticamente su esfera, procura formar la ciencia de conformidad con la opinión; es decir, procura hacerla popular, o no desea en general más que adquirir conocimientos que puedan trasmitirse a todos, y en los que las clases menos instruidas puedan hallar atractivo e interés.

3.º *Prácticamente*, en cuanto a la utilidad, por lo que se refiere al interés de la voluntad. El horizonte práctico, determinado bajo el punto de vista de la influencia que un conocimiento puede tener sobre nuestra moralidad, es ley y de la más alta importancia.

En resumen; la esfera del conocimiento puede determinarse partiendo de la triple idea de lo que el hombre puede saber, de lo que necesita saber, y de lo que debe saber.

Nosotros no trataremos aquí más que de la esfera teórica o lógica. Se le puede considerar bajo dos puntos de vista, objetiva y subjetivamente.

Objetivamente considerado, es histórico o racional. La primera es de mucha más extensión que la segunda; es, si cabo, de una extensión inconmensurable nuestro conocimiento histórico y no tiene límites. La esfera racional, por el contrario, puede ser determinada: así, por ejemplo, que se puede apreciar cuáles son los objetos a los que no puede extenderse el conocimiento matemático. Pero, ¿puede igualmente afirmarse por lo que toca al conocimiento racional filosófico, hasta donde puede llegar la razón *a priori* sin ningún auxilio de la experiencia?

En consideración al sujeto, la esfera del conocimiento es, o universal y absoluta, o particular y limitada (esfera privada).

Debemos entender por esfera absoluta y universal, la coincidencia de los límites de los conocimientos humanos con los límites de la perfección humana, en el más alto grado posible. Lo que nos lleva a esta cuestión:

¿Qué es lo que el hombre como tal puede saber en general?

La determinación de la esfera particular o privada, depende de una multitud de condiciones empíricas y de aspectos diferentes, por ejemplo, de la edad, del sexo, de la profesión, del género de vida, etc. Cada clase de hombres tiene, pues, su esfera propia determinada por sus facultades intelectuales y por el fin que se propone. Cada individuo tiene aun su esfera propia determinada sobre la medida de sus facultades intelectuales y en punto de vista personal. Podemos, en fin, concebir todavía una esfera propia de la sana razón, la razón natural o nativa, el sentido común y una esfera científica. Esta última necesita principios, según los cuales se determina lo que podemos saber o no.

Lo que no podemos saber se halla sobre nuestra propia esfera; y lo que no debemos o no tenemos necesidad de saber se halla fuera de ella. Este último punto de vista, puede no ser sin embargo más que relativo, cuando por ejemplo, nos proponemos tales o cuales fines particulares, y son inútiles y aun contrarios para conseguirlos ciertos conocimientos: porque en absoluto ningún conocimiento es inútil, aunque no podamos apreciar inmediatamente su utilidad. Es, por consecuencia, una objeción tan insensata como injusta la dirigida por los necios a los hombres notables que se aplican a las ciencias con celo, diciéndoles: ¿A qué fin? Cualquiera que ame la ciencia y la verdad por la que ellas son, no debe nunca proponerse semejante cuestión. Una ciencia aunque no esclarezca más que un objeto solo, ya será bastante útil. Todo conocimiento lógicamente perfecto tiene siempre alguna utilidad posible, que, aunque al presente la desconozcamos, se revolará sin duda posteriormente.

Si no nos hubiésemos de mover en la cultura de las ciencias más que por el provecho material que se puede sacar de ellas, no habría aritmética, ni geometría. De otro lado, nosotros somos formados de tal manera, que el espíritu halla más satisfacción en el conocimiento puro y simple de la verdad, que en la utilidad que de ella resulta. Es lo que ya Platón había votado. El hombre siente en esto su excelencia y superioridad; él siente lo que es como ser dotado de inteligencia.

Los hombres que no experimentan nada de esto, deben envidiar a los animales. El valor interno de los conocimientos no se puede comparar con el externo que resulta de su aplicación.

Así, pues, solo podemos afirmar de un modo relativo, que de una parte no tenemos necesidad de saber lo que está fuera de nuestra esfera, de conocer después de los fines especiales que nos hayamos propuesto; y de otro lado, debemos ignorar lo que está sobre nuestra esfera en tanto que nos sea dañoso.

2.º

Respecto a la extensión y determinación de nuestros conocimientos, se pueden establecer las siguientes reglas:

1.ª Es necesario determinarse temprano, sin duda, una esfera de conocimiento, mas no antes de poder hacerlo por sí mismos, lo que no puede tener lugar antes de la edad de veinte años.

2.ª No debemos cambiar de ella, ni muchas veces, ni con ligereza.

3.ª No debemos medir la esfera de los demás por la nuestra propia, y no considerar inútil lo que no nos sirve de nada. Sería una temeridad querer determinar la esfera de los demás, cuando no se conoce más que imperfectamente sus capacidades y sus deseos.

4.ª No se debe extender demasiado la esfera, ni tampoco circunscribirla mucho. Porque el que quiera saber mucho, concluye por no saber nada; y el que cree que ciertos conocimientos no pueden servirlo de nada, se hace en esto muchas veces ilusiones. Tal sería el error de un filósofo que creyera que no tiene nada que aprender de la historia.

5.ª Se debe procurar también determinar al presente la esfera absoluta de la especie humana (en lo relativo al pasado y al porvenir).

6.ª Determinar también en particular el lugar que ocupa la ciencia a que nos dedicamos, en el cuadro de la ciencia universal. La enciclopedia universal es a este efecto como el mapa-mundi de las ciencias.

7.ª En la determinación de nuestra esfera particular se deben examinar cuidadosamente, para qué punto de la ciencia universal se tiene más aptitud y vocación; cuáles son los deberes necesarios que entraña la elección que nos propongamos hacer; cuáles son los que aparecen para este fin menos rigurosos, o aquellos de los cuales se puede dispensar.

8.ª Por último, se debe siempre procurar más bien ensanchar la esfera de nuestros conocimientos, que no restringirla.

El medio de extender los conocimientos, consiste tanto en no escasear el número de otras, como dar buenos métodos para estudiarlos. No se debe reducir el peso de la ciencia, como decía d'Alembert, sino únicamente aligerarlo dándonos fuerzas. La crítica de la razón, la de la historia y sus obras, un método natural y un espíritu vasto que sepa abrazar en conjunto las grandes perspectivas del conocimiento humano, y que no se dedique exclusivamente a los detalles, serán siempre las mejores condiciones para disminuir el trabajo del conocimiento humano sin separarse de su objeto. De este modo, un gran número de libros vienen a ser inútiles, y la memoria se halla desembarazada.

A la perfección lógica del conocimiento en cuanto a su extensión, se opone la ignorancia, imperfección negativa o imperfección de defecto, que es inseparable de nuestro conocimiento, por lo que se refiere a los límites del entendimiento.

Podemos considerar la ignorancia bajo el punto de vista objetivo y bajo el subjetivo.

1.º *Objetivamente* considerada, la ignorancia es o material o formal. La primera consiste en la falta de conocimientos históricos o de hechos; la segunda en la falta de conocimientos racionales. En absoluto no debemos ignorar ninguna de estas clases de conocimientos, pero se puede dar la preferencia a los históricos o a los racionales.

2.º *Subjetivamente* considerada, la ignorancia es docta, científica o común.

El que percibe claramente los límites del conocimiento, y que sabe, por consiguiente dónde empiezan los límites de la esfera de la ignorancia, es un sabio ignorante. El que, por el contrario, es ignorante sin percibir los fundamentos de los límites de su inteligencia y que en manera alguna se preocupa de ella, es un ignorante que ignora, si es permitido, valerse de esta expresión; esta no sabe siquiera que nada sabe, porque no nos podemos formar idea de nuestra ignorancia, más que por la ciencia; como un ciego no puede formarse idea de las tinieblas en que se halla, sino habiendo visto antes.

El conocimiento de nuestra propia ignorancia supone, pues, la ciencia, y nos hace al mismo tiempo modestos; al contrario, la ignorancia, que no sospecha siquiera que tiene algo que saber, es altiva. Así es, que la ignorancia de Sócrates fue una ignorancia célebre; era propiamente el conocimiento de su ignorancia, según su propia confesión. El cargo de ignorantes no puede dirigirse, pues, a los que poseen muchos conocimientos y se maravillan, sin embargo, de la infinidad de cosas que no saben.

La ignorancia no es vituperable, *culpabilis*, en general, en las cosas cuyo conocimiento excede los limites de nuestra esfera de conocer: ella puede permitirse (aunque en un sentido relativo únicamente), por lo que se refiere al ejercicio especulativo de nuestra facultad de conocer, en tanto que los objetos exceden de nuestra esfera, aunque no estén sobre él. Mas la ignorancia es vergonzosa cuando es de cosas muy necesarias y al mismo tiempo muy fáciles de saber.

Hay una diferencia entre no saber una cosa e ignorarla; es decir, no tener ninguna noción de ella. Es muy conveniente ignorar lo que no debemos saber. Aun debemos notar la diferencia entro estas dos cosas, y la abstracción. Se hace abstracción de un conocimiento cuando se ignora su aplicación; se tiene en abstracto y se le puede considerar entonces en general como un principio. Así, hacer abstracción de lo que en el conocimiento de una cosa no entra para nada en nuestro objeto, es útil y laudable.

Los que son ignorantes en sentido histórico, son por lo común sabios en sentido racional.

La ciencia histórica sin determinación de limites, se llama polihistoria.

Esta hace al hombre vano. La polimathia es la ciencia de los conocimientos racionales. Las dos reunidas forman la pansofía. A la ciencia histórica pertenece la ciencia de los órganos de la erudición, la filología, que comprende el conocimiento crítico de las lenguas y de las obras (la lingüística y la literatura).

La simple polihistoria es una erudición ciclópica: le falta el ojo de la filosofía. Un cíclope en matemáticas, en historia, en física, en filología, etc., es un sabio que posee todas las partes de la una o de la otra de estas ciencias, de todas estas mismas ciencias, si se quiere, pero de ellas cree superflua la filosofía.

Las humanidades (humaniora), forman parte de la filología. Se entiende por humanidades el conocimiento de los autores antiguos, conocimiento que requiere la unión de la ciencia y del gusto; disipa la rudeza y la grosería; inspira un espíritu de sociabilidad y de urbanidad, que forma el fondo de la humanidad.

Las humanidades tienen, pues, por objeto, el conocimiento de lo que sirve a la cultura del gusto, según los modelos de la antigüedad. La elocuencia, la poesía, el conocimiento de los autores clásicos, etc., forman parte de ella.

Todos estos conocimientos humanísticos pertenecen a la parte práctica de la filología, que tiene por objeto inmediato la formación del gusto.

Mas nosotros distinguimos el simple filólogo del humanista, en que el primero busca en la antigüedad el órgano de la erudición, mientras que el segundo busca el órgano de la formación del gusto.

El hombre, versado en las bellas letras, es un humanista que se ocupa de los modelos contemporáneos que le suministran las lenguas vivas: este no es, pues, un sabio (porque las lenguas muertas son solo las lenguas sabias), sino un simple diletante que sigue la moda al adquirir conocimientos de gusto, y que se acompaña poco de los antiguos. Se le podría llamar el mono del humanista. -El polihistoriano, debe, como filólogo, ser lingüista y literato. Como humanista debe ser clásico y poder interpretar los autores. Como filólogo es culto; como humanista, civilizado.

Tratándose de la ciencia, hay dos degeneraciones posibles del gusto dominante: la pedantería y la afectación. La pedantería no se ocupa de las ciencias mas que en el sentido de la escuela, y circunscribe por tanto el uso de ellas. La afectación no trata de las ciencias mas que en las reuniones o entre el vulgo, y la limita, por tanto, en cuanto a su objeto.

El pedante puede considerarse, o como sabio por oposición al hombre vulgar, como un hombre inflado de saber, que no entiende nada del mundo, es decir, que no sabe volver su ciencia popular, o como un hombre de talento, es cierto, más solamente en cuanto a las formas, y de ningún modo en cuanto a la esencia y a los fines. En este último sentido, es un expurgador de fórmulas, si es permitida la frase, que tiene el aire de penetrar en el fondo de las cosas y de poseerlo bien, mientras que no percibe más que la apariencia y la parte superficial de ellos; es un imitador torpe, una caricatura del espíritu metódico.

Se puede llamar afectación la investigación penosa y minuciosa (micrología) en las formas. Y esta forma del método escolástico, investigada, empleada, y analizada fuera de la escuela, no es especial para los sabios, sino que es común a todas las profesiones. El ceremonial de las Cortes, de las tertulias ¿es otra cosa que una afectación, otra cosa que formas rebuscadas? La precisión, la exactitud conveniente que toca al objeto, es la fundamentación en las formas (perfección metódica y escolástica). La pedantería es, pues, una fundamentación afectada; lo mismo que la afectación, semejante a una coqueta que procura agradar, no es más que una popularidad igualmente afectada, porque la afectación pretende únicamente atraer al lector, no desagradarle siquiera no sea más que con una palabra.

Para curarse de la pedantería, es necesario, no solamente tener conocimiento de las ciencias en sí mismas, sino también de su aplicación. El verdadero sabio es el único que puede salvarse de la pedantería, que es siempre la suerte de un entendimiento estrecho.

Al esforzarnos en dar a nuestro conocimiento la perfección de la fundamentación, escolástica al mismo tiempo que el de la popularidad, sin caer en una fundamentación o en una popularidad afectada, debemos, ante todo, atender a la perfección escolástica de nuestro conocimiento (forma metódica de la fundamentación), y procurar a este fin volver verdaderamente popular el conocimiento adquirido metódicamente en la escuela. Esta popularidad, no debe extenderse más que en tanto que se extienda fácilmente por la generalidad, sin que padezca nada en profundidad; porque no se debe, bajo el pretexto de popularidad sacrificar la perfección escolástica, sin la cual toda ciencia no sería más que un juego y una broma.

Es necesario para aprender o adquirir la verdadera popularidad, leer los autores antiguos, por ejemplo, los escritos filosóficos de Cicerón, de Horacio, de Virgilio, etc., entre los modernos, Hume, Schaptesbury, Fortanelle, etc.; todos hombres que han frecuentado la alta sociedad, y que tenían un gran conocimiento del mundo, condición sin la cual no se puede ser popular. La verdadera popularidad exige, en efecto, un gran trato del mundo, un gran conocimiento de las ideas, de los gustos y de las inclinaciones de los hombres, etc., cosas a las que es necesario prestar atención constantemente en la elección de expresiones. Esta condescendencia con la capacidad intelectual del público y con el lenguaje vulgar (lo que no es exclusiva de la perfección escolástica, en cuanto al fondo, sino que mira simplemente a la forma del pensamiento, ocultando la ostentación; es decir, la parte metódica, y técnica de este género de perfección, poco menos que como aparecen las líneas trazadas con lápiz después que se ha escrito sobre ellas); esta perfección, verdaderamente popular del conocimiento, es en realidad una grande y rara cualidad que muestra mucho del conocimiento en la ciencia. Ella presta también, entre otros servicios, el de someter las apariencias científicas a una nueva prueba, la del sentido común; porque el examen puramente escolástico de un conocimiento, puede todavía ofrecer dudas alguna vez, de si se ha visto bien y de un modo completo, y de si el mismo conocimiento tiene un valor universalmente reconocido.

La escuela tiene sus perjuicios lo mismo que el mundo: el uno corrige en esto al otro. Importa pues, que un conocimiento, sea visado por un hombre que no tenga ninguna escuela.

Se podría todavía llamar esta perfección del conocimiento que le presta una comunicación fácil y universal, extensión exterior o cuantidad extensiva de un conocimiento, en tanto que se propaga al exterior en medio de un gran número de hombres.

3.º

Como hay diversos y numerosos conocimientos, será muy conveniente trazarse un plan según el cual se organicen las ciencias según su conformidad más apropiada, con el fin que nos propongamos, y la parte proporcional que en él deban tener.

Si este orden no rige en la extensión que se pretende dar a, nuestros conocimientos, la pluralidad de estos no es mas que una pura rapsodia. Mas si nos proponemos como objeto, una ciencia principal, y se tiene en cuenta las otras ciencias que sirven como de medio para adquirir aquella, entonces el conocimiento toma cierto carácter sistemático. Mas para emprender semejante plan, y para trabajar por tanto en la extensión de nuestros conocimientos, es necesario procurar conocer bien las relaciones de los conocimientos entre sí. La arquitectónica de las ciencias que es un sistema ideal, en el cual las ciencias se consideran por razón de su parentesco y enlace sistemático en un todo de conocimiento que interesa a la humanidad, debe naturalmente servir de introducción.

4.º

Por lo que se refiere a la cuantidad intensiva del conocimiento, es decir, de su valor, de su importancia, cuantidad que se distingue esencialmente de la magnitud extensiva del espacio de su esfera, como hemos visto anteriormente, haremos únicamente las observaciones siguientes:

1.ª Es necesario distinguir el conocimiento que tiene por objeto la cuantidad, es decir, el todo en la aplicación del entendimiento, de la sutileza en los detalles (micrología).

2.ª Importa lógicamente dar una denominación a todo conocimiento que exige la perfección lógica en cuanto a la forma, por ejemplo, a cada proposición matemática, a toda ley de la naturaleza bien conocida, a toda explicación filosófica legítima. No se puede prever la importancia práctica, pero es necesario calcularla.

3.ª No se debe confundir lo importante con lo difícil (Schwere, lourd). Un conocimiento puede ser difícil de adquirir y no tener ninguna importancia, y al contrario. La dificultad no dice nada, por tanto, en pro ni en contra del valor o importancia de un conocimiento. Esta última cualidad depende de la naturaleza y número de consecuencias que resultan del conocimiento. Cuanto mayores y más numerosas son las consecuencias de un conocimiento, más se presta este a la aplicación, y es, por tanto, más importante. Un conocimiento sin consecuencias importantes, es una ciencia vacía (brübelei). Tal era, por ejemplo, la filosofía escolástica.

- VII - PERFECCIÓN LÓGICA DEL CONOCIMIENTO EN CUANTO A LA RELACIÓN. -VERDAD. -DEL ERROR Y DE LA VERDAD EN GENERAL -VERDAD MATERIAL Y VERDAD FORMAL O LÓGICA. - CRITERIO DE LA VERDAD. - FALSEDAD Y ERROR. -MEDIO DE CURAR EL ERROR

1.º

Unas de las principales perfecciones del conocimiento, y aun la condición esencial e indivisible de todo conocimiento, es la verdad. -La verdad, se dice, consiste en el acuerdo del conocimiento con su objeto. En consecuencia de esta simple definición de palabra, mi conocimiento no debo considerarlo como verdadero, sino a condición de que conforme con el objeto, según esto, yo no puedo comparar el objeto más que con mi conocimiento, puesto que yo únicamente le conozco por él. Mi conocimiento está, pues, llamado a ser confirmado por el mismo: porque el objeto hallándose fuera de mí, y el conocimiento en mí yo no puedo nunca juzgar más que de una cosa, a saber: si el conocimiento del objeto conforma con mi conocimiento del objeto. Los antiguos llamaban dialelo a semejante círculo en una explicación. Así los escépticos han acusado siempre a los lógicos de caer en esta falta. Los escépticos hacían observar que en esto de la definición de la verdad, ocurre lo mismo que aquel que para apoyo de una afirmación que hiciera en un tribunal, apelara a un testigo que nadie conociera, pero que sin embargo quisiera que se le creyese, asegurando que el testigo que invocaba es un hombre honrado. -La acusación es, pues, fundada. Solamente la solución del problema en cuestión, es absolutamente imposible para todos.

La cuestión, pues, está en saber, si hay un criterio de la verdad, cierto, general y aplicable, y hasta qué punto es todo esto; porque este es en resumen el sentido de la cuestión: ¿qué es la verdad?

Para responder a esta importante pregunta, es necesario comenzar por distinguir lo que pertenece a la materia del conocimiento y se refiere al objeto, de lo que mira a la simple forma, como condición sin la cual un conocimiento en general sería imposible.

Siendo así que el punto de vista objetivo o material, se distingue del punto de vista subjetivo o formal, la precedente cuestión viene a reducirse a las dos siguientes:

1.ª ¿Hay un criterio general material?
2.º ¿Hay un criterio general formal?

Un criterio general material de la verdad, no es posible, es hasta contradictorio: porque para ser criterio general aplicable a todos los objetos, debería ser absolutamente extraño o indiferente a la diversidad de los objetos, y serían no obstante, como criterio material para distinguirlos, a fin de poder decidir si un conocimiento, conforma precisamente con el objeto determinado a que se refiere, y no con ninguno otro del cual no nos hacemos cuestión. En esta conformidad del objeto determinado a que se refiere, es en lo que debería consistir la verdad material: pero un conocimiento que es verdadero por relación a un solo objeto, puede ser falso por relación a otros objetos. Es, pues, absurdo exigir un criterio general y además material de la verdad, que debe servir al mismo tiempo haciendo abstracción, y no haciendo abstracción de todo conocimiento de los objetos.

En cuanto a los criterios generales y formales, es fácil de ver que son posibles, porque la verdad formal consiste simplemente en la conformidad del conocimiento consigo misma, abstracción hecha, de todos los objetos y de sus diferencias. El criterio formal de la verdad no es, pues, otra cosa que el carácter lógico general de la conformidad del conocimiento consigo misma, o lo que es lo mismo, con las leyes generales del entendimiento y la razón.

Estos criterios generales formales, son sin duda, insuficientes para asegurarse de la verdad objetiva; pero son, sin embargo, la condición *sine qua non*.

Por lo tanto, la cuestión de la conformidad del conocimiento consigo misma (en cuanto a la forma) es anterior a la de la conformidad del conocimiento con su objeto, y es el asunto de la lógica.

Los caracteres formales de la verdad en la lógica son:

1.º El principio de contradicción.
2.º El principio de la razón suficiente.

El primero determina la posibilidad lógica de un conocimiento, y el segundo de una realidad lógica.

La verdad lógica de un conocimiento requiere pues:

1.º Que este conocimiento sea posible, es decir, que no sea contradictorio; mas este carácter de la verdad lógica interna, es puramente negativo, porque un conocimiento que se contradice es falso: pero no será siempre verdadero cuando no se contradiga.
2.º Que el conocimiento sea fundado lógicamente, es decir:
1.º que tenga un principio, y 2.º que no tenga consecuencias falsas.

Este segundo criterio de la verdad, carácter de la verdad lógica externa, o de la racionalidad del conocimiento, es positivo. Los dos reglas siguientes tienen aquí su aplicación.

1.ª De la verdad de la consecuencia no puede concluirse únicamente de una manera negativa la verdad del conocimiento como principio: de suerte, que si una consecuencia falsa se deriva de otro conocimiento, este último es asimismo falso. Porque si el principio fuera verdadero, la consecuencia debería serlo igualmente, puesto que la consecuencia es determinada por el principio.

Mas no se puede concluir en sentido inverso diciendo, que si de un conocimiento no se deducen consecuencias falsas, este conocimiento será verdadero, porque se pueden sacar consecuencias verdaderas de un principio falso.

2.º Si todas las consecuencias de un conocimiento son verdaderas, este conocimiento es también verdadero; porque si el conocimiento fuese falso bajo cualquier aspecto, debería tener lugar una falsa consecuencia.

Se concluye bien, pues, de la consecuencia a un principio, pero sin poder determinar el principio mismo bajo el respecto de la verdad. Solamente si todas las consecuencias son verdaderas, se puede concluir que el principio determinado de donde ellas provienen es igualmente verdadero.

El primer modo de concluir, el que no nos suministra más que un criterio negativo o indirecto suficiente para la verdad de un conocimiento, se llama modo apagógico, *modus tollens*.

Esta manera de razonar, la cual se emplea muchas veces en geometría, tiene la ventaja de demostrar la falsedad de su conocimiento, por solo aquello de haber sacado de él una consecuencia falsa: por ejemplo, para hacer ver que la tierra no está quieta, yo no tengo necesidad más que de concluir apagógica e indirectamente sin establecer principios positivos y directos, que si la tierra estuviese quieta, le estrella polar debería aparecer siempre a la misma altura, de donde no sucediendo así, se sigue que la tierra no está quieta.

En el otro modo de razonar positivo y directo *modus ponens*, se presenta el inconveniente de no poder reconocer apodícticamente la universalidad de las consecuencias, y no llegar por esta especie de razonamiento más que a un conocimiento verosímil o hipotéticamente verdadero, por la suposición de que si muchas consecuencias son verdaderas, todas las otras pueden serlo igualmente.

Podemos, pues, establecer aquí tres principios como criterios universales puramente formales o lógicos de la verdad:

1.º El principio de contradicción y de identidad *principium contradictionis et identitatis* por el cual se determina la posibilidad interna de un conocimiento por juicios problemáticos.
2.º El principio de la razón suficiente, *principium rationis suffientis*, que sirve de fundamento a la realidad lógica de un conocimiento, principio que establece que el conocimiento es fundado, como materia de los juicios asertóricos.
3.º El principio de. exclusión de un tercero, *principium exclusi medii dua contradictoria*, que sirve de fundamento a la necesidad lógica de un conocimiento, y que establece que se debe necesariamente juzgar así y no de otro modo, es decir, que lo contrario es falso. Este es el principio de los juicios

apodícticos. Lo contrario de la verdad es la falsedad que se llama error, en tanto que se considera como una verdad. Un juicio erróneo (porque no hay nada de error ni de verdad más que en el juicio), es el que confunde la apariencia de la verdad, con la verdad misma.

Es fácil ver cómo la verdad es posible, puesto que en esto el entendimiento obra según las leyes esenciales.

Mas no es tan fácil comprender cómo el error es posible, en el sentido, formal de la expresión, es decir, cómo la forma del pensamiento contrario al entendimiento es posible, cómo comprender de qué manera una fuerza cualquiera debe descartarse de sus leyes esenciales. No podemos buscar la razón del error, ni en el entendimiento ni en sus límites, los cuales pueden ser perfectamente la causa de la ignorancia, mas no del error. Si no tuviéramos otra facultad que el entendimiento, no nos equivocaríamos nunca; pero tenemos otra fuente indispensable de conocimientos, la sensibilidad que nos suministra el material del pensamiento, y que se rige por otras leyes que las del entendimiento. Sin embargo, la sensibilidad considerada en el misma, no puede ser origen o fuente de error, porque los sentidos no juzgan absolutamente.

La razón fundamental de todo error es, pues, única, y no debe buscarse más que en la influencia oculta de la sensibilidad sobre el entendimiento, o para expresarnos con más exactitud, sobra el juicio. Esta influencia hace que en nuestros juicios juzguemos como objetivos principios puramente subjetivos, y por consecuencia, que tomemos la simple apariencia de la verdad por la verdad misma: porque la esencia de una apariencia qué desde luego reputamos como principio, consiste en considerar como verdadero un conocimiento falso.

Lo que hace el error posible, es la apariencia, según la cual, lo puramente subjetivo es tomado como objetivo.

Se puede, en cierto modo también considerar el entendimiento como causa del error, en tanto que este no presta la atención necesaria a la influencia de la sensibilidad, y que se deja así llevar por la apariencia que de esta resulta, y considera el principio de la determinación subjetiva del juicio como objetiva, o hace valer como verdadero según las leyes del entendimiento, lo que nos es verdadero más que según las leyes de la sensibilidad (intelectual).

La causa de nuestra ignorancia no está, pues, más que en los límites del entendimiento; nuestro error no es, pues, imputable. Si la naturaleza nos ha dotado de gran número de conocimientos, dejándonos en una ignorancia invencible sobre una infinidad de cosas, no por esto es ella causa de nuestros errores. Es nuestra situación, al juzgar y decidir, cuando no nos hallamos en estado de poder hacerlo, lo que en esta nos precipita.

2.º

Todo error en que puede caer el espíritu humano no es más que parcial; de suerte, que siempre debe haber algo de verdad en todo juicio erróneo. Un error total sería un cambio completo de las leyes del entendimiento y de la razón. ¡Cómo podría, provenir del entendimiento y valer como juicio y como producto de este entendimiento!

Con motivo de la verdad o falsedad de nuestros conocimientos, distinguimos el conocimiento preciso de aquel que es vago y poco delicado.

El conocimiento es preciso, cuando es conforme a su objeto o cuando no hay en él lugar el menor error por razón del objeto; es vago, sin claridad, por el contrario, cuando hay posibilidad de que sea erróneo, sin que a pesar de esto este error sea un obstáculo a nuestro deseo.

Esta distinción concierne a la determinabilidad más o menos estricta de nuestro conocimiento. En el principio es alguna vez necesario determinar de una manera extensiva, un conocimiento, particularmente en las cosas históricas o de hecho. Mas en los conocimientos racionales, todo debe determinarse de una manera estricta, En la determinación extensiva se dice, que un conocimiento es determinado *præter, propter* (*o relativamente*). Se trata siempre en el objeto de un conocimiento, de sabor, el debe ser determinada extensiva o estrictamente. La determinación extensiva deja siempre lugar al error, mas este error, sin embargo, puede tener sus límites asignables. El error tiene especialmente lugar en los casos en que una determinación extensiva se toma por una determinación estricta; por ejemplo, en las cuestiones de moralidad, en donde todo debe ser determinado de un modo estricto. Los ingleses llaman latitudinarios a los que no determinan sus ideas.

Se debe distinguir la precisión como perfección objetiva del conocimiento, en la correspondencia perfecta del conocimiento con su objeto, de la sutileza como perfección subjetiva.

El conocimiento de una cosa es sutil, cuando se descubre en él lo que se escapa ordinariamente a la atención de los demás. La sutileza exige, pues, una gran atención y cierta fuerza de espíritu. La vista del espíritu sutil, se llama perspicacia.

Muchos vituperan toda sutileza porque no pueden alcanzarla; pero la sutileza en sí misma hace siempre gracia al entendimiento, es útil y necesaria aun en la observación de las cosas más importantes. - Mas cuando no es necesario ni útil el ocuparse de semejantes investigaciones, puesto que el objeto puede conseguirse completa y ciertamente sin esto, la sutileza es entonces condenada por el buen sentido como inútil, *nugæ dificiles*. Lo vago es a la precisión como lo grosero a la sutileza.

3.º

La noción misma del error que encierra, como hemos dicho, la del error y la apariencia de la verdad, nos suministra una regla importante para evitarlo: porque ningún error es absolutamente necesario, aunque en el hecho relativamente no pueda ser evitado, puesto que no podemos dejar de juzgar, aun a riesgo de engañarnos. Para evitar el error se debe, pues, procurar descubrir y explicar su origen, la apariencia, lo que hacen pocos filósofos. Estos no se ocupan más que de refutar el error, sin molestarse en prevenirlo denunciando la apariencia de donde se deriva. Y sin embargo, este descubrimiento de la apariencia y su explicación, hubieran prestado un servicio mayor a la verdad que la refutación directa del mismo error, puesto que con esto no se llega al origen, y no se puede impedir que la misma apariencia que no es conocida, conduzca al error en otros casos; porque entonces aunque estemos persuadidos de que no nos engañamos, siempre nos quedan dudas, cuantas veces no se disipa la apariencia, fuente del error, aun todavía pudiendo justificar estas dudas en cierta medida.

Explicando la apariencia, se da por lo demás una especie de satisfacción al que se equivoca, y se le hace la justicia que se le debe: porque nadie convendrá en que se ha engañado sin haber sido seducido por una apariencia de verdad, que quizá hubiera engañado a otro mas hábil, puesto que en esto se trata de razones subjetivas.

Un error en el que la apariencia es evidente, aun para el sentido común se llama absurdo. La reprobación por absurda, es siempre una personalidad que debe evitarse particularmente en la refutación de los errores.

Todo el que afirma una cosa absurda, no percibe la apariencia que causa esta evidente falsedad: es necesario presentarle esta apariencia palpable entonces si persevera en su opinión, es sin duda un absurdo, pero en este caso se debe dejar de razonar con él. Muéstrase también por este hecho incapaz e indigno de conocer la razón y de ser convencido. No se puede propiamente demostrar a nadie que se está en un absurdo; esto sería gastar el tiempo inútilmente. Si se prueba el absurdo, no se habla más al hombre que se engaña, sino más bien al hombre razonable. No es necesario descubrir el absurdo *deductio, ad absurdum.*

Se puede ñamar error inepto (abgeschmackten) aquel que no se halla justificado por nada, ni aun por la apariencia; como se puede llamar error grosero (grober) el que proviene de la ignorancia de conocimientos ordinarios, o que descubre una falta de atención común.

El error de principios es mayor que el de la aplicación.

4.°

Un medio exterior de reconocer la verdad, es la comparación de nuestro propio juicio con el juicio de otros; puesto que el punto de vista subjetivo no es el mismo para todos, lo que puede servir para explicar la apariencia. Si nuestro juicio no es conforme al de los demás, es como un signo externo de error. Este hecho nos debe llevar a revisar nuestro juicio, mas no a rechazarlo; se puede haber juzgado bien acerca de la cosa y mal únicamente acerca de su expresión.

El sentido común es también una piedra de toque para; descubrir el error en el ejercicio artístico del entendimiento. Cuando nos servimos del sentido común como de una piedra de toque para probar la legitimidad de nuestros juicios especulativos, se dice que nos orientamos sobre el sentido común.

5.°

Las reglas generales que se deben seguir para evitar el error son:

1.º Pensar por sí mismo.
2.º Colocarse en la situación de los demás, y mirar las cosas bajo todos sus aspectos.
3.º Estar siempre conforme consigo mismo.

Se puede llamar la regla de pensar por sí mismo, un modo de pensar esclarecido; el de colocarse en el punto de vista de los demás, un modo de pensar extensivo, y el de estar siempre conforme consigo mismo, un modo de pensar consecuente y ordenado.

- VIII - PERFECCIÓN LÓGICA DEL CONOCIMIENTO EN CUANTO A LA CUALIDAD. -CLARIDAD. -NOCIÓN DE UN ELEMENTO O DE UN SIGNO LÓGICO EN GENERAL. -DIFERENTES ESPECIES DE SIGNOS ELEMENTALES. -DETERMINACIÓN DE LA ESENCIA LÓGICA DE UNA COSA. -DIFERENCIA ENTRE ESTA ESENCIA Y LA ESENCIA REAL. -LUCIDEZ SEGÚN EL GRADO DE CLARIDAD. -LUCIDEZ ESTÉTICA.- LUCIDEZ LÓGICA. -DIFERENCIA ENTRE LA LUCIDEZ ANALÍTICA Y LA LUCIDEZ SINTÉTICA

I.º

Todo conocimiento humano, considerado por relación al entendimiento, es discursivo o general; es decir, se halla constituido por ideas que hacen de lo que es común a muchas cosas, el fundamento del conocimiento; por consecuencia, por medio de caracteres, de signos, de nociones elementales (Merkmale).

Nosotros no conocemos, pues, las cosas que por sus caracteres, y el reconocer precisamente procede del conocer.

Un carácter es aquello que por relación a una cosa constituye una parte del conocimiento de esta cosa; o lo que viene a ser lo misino, una idea parcial, en tanto que es considerada como conocimiento fundamental de la idea entera.

Todas nuestras nociones son, pues, de caracteres, y todo pensamiento no es mas que una representación por medio de caracteres.

Todo carácter puede ser considerado de dos maneras:

1. Como representación en sí.

2. Como siendo parte, en tanto que noción parcial, de la idea total de una cosa, y por tanto, como fundamento del conocimiento de esta misma cosa.

Todos los caracteres considerados como principios de conocimiento, son susceptibles de una doble aplicación, la una interna o de derivación la otra externa o de comparación. La primera consiste en servirse de los caracteres como principios del conocimiento de las cosas, para conocer estas mismas cosas. La segunda consiste en comparar dos cosas entre sí, según las leyes de la identidad y la diversidad.

2.º

Existen muchas diferencias específicas entre las nociones elementales; en estas diferencias se funda la siguiente clasificación que de las mismas se ha hecho.

1. Pueden ser analíticas o sintéticas, según que son nociones particulares de una noción real (donde ya las pensamos), o según que formen parte de toda la noción puramente posible (noción que no debe realizarse más que por la síntesis de muchas partes). Las primeras son nociones racionales, las últimas pueden ser nociones experimentales.

2. Coordenadas o subordinadas. Esta división de las nociones concierne a su enlace colateral o consecutivo. Son coordenadas en tanto que cada una de ellas es representada como un signo mediato de la cosa; son subordinadas, por el contrario, en tanto que la una no representa el objeto sino por medio de la otra. La relación de coordinación se denomina agregada; la de subordinación serie. La primera relación, o sea la de la agregación de nociones particulares coordenadas, forma la totalidad de la noción, sin que por lo que se refiere a las nociones sintéticas experimentales esté agregado, pueda jamás ser completo ni perfecto; se parece a una línea recta sin límites.

La serie de nociones elementales subordinadas toca de una parte (parte anterior) o el lado de los principios, a las nociones inexplicables, en las que la simplicidad no permite ulterior descomposición; de la otra parte (parte posterior) o el lado de las consecuencias, es infinita; puesto que aunque tengamos un género supremo, no tenemos en rigor una última especie.

La lucidez extensiva o en extensión, aumenta el agregado de las nociones coordinadas por la adición de cada nueva noción. Esto mismo sucede en la lucidez intensiva o en profundidad, en el análisis progresivo de las nociones subordinadas.

Esta última especie de lucidez, indispensable para la fundamentación y sistematización del conocimiento, es por lo mismo el principal, asunto de la filosofía, y debe llevarse al más alto grado posible en las investigaciones metafísicas.

3. Las nociones que forman parte de otras nociones, son positivas o negativas; conocemos por las primeras lo que es la cosa y por las últimas lo que no es.

Las nociones negativas sirven para salvarnos del error; no son, pues, necesarias en el caso en que sea imposible engañarnos. Son muy necesarias y de suma importancia para la noción que nos formamos de un ser tal como Dios.

Por medio de las nociones positivas pretendemos, pues, comprender alguna cosa; por medio de las negativas (a las cuales pueden reducirse todas las parciales), únicamente estamos a salvo de comprender mal, o mejor dicho, no nos engallamos, pero acostumbrándonos a no conocer nada de la cosa.

4. Las nociones elementales son importantes y fecundas, o insignificantes y vacías. Una noción tiene el primero de estos caracteres, cuando constituye un principio de conocimiento abundante en consecuencias importantes, sea por razón de su aplicación interna o de derivación, en tanto que basta para conocer mucho de la cosa, sea por razón de su aplicación externa o de comparación, en tanto que sirve para conocer la semejanza de una cosa con otras muchas, como también la diferencia entra aquella y estas.

Por lo demás, es necesario distinguir aquí la importancia y fecundidad lógica, de la importancia y fecundidad práctica, así como de la utilidad y aplicación posible (Brauchbarkeit).

5. Las nociones elementales son suficientes y necesarias, o insuficientes y contingentes.

Una noción de esta especie es suficiente en tanto que puede servir para distinguir una cosa de otra; es insuficiente en el caso contrario; como por ejemplo, el carácter del ladrido con relación al perro. Pero la suficiencia, como la importancia de los caracteres, no se pueden determinar más que en un sentido relativo, en razón del fin que nos propongamos en el estudio.

Los caracteres necesarios son, por último, los que deben siempre reaparecer en la cosa determinada. Se les llama también caracteres esenciales; son opuestos a los caracteres no esenciales o contingentes, que no entran de un modo necesario en la noción total de la cosa.

Todavía hay que hacer una distinción entre los caracteres necesarios: unos convienen con la cosa como principios de otros caracteres de una sola y misma cosa; otros, por el contrario, no convienen con una cosa más que como consecuencias de otros caracteres. Los primeros se denominan primitivos y constitutivos, *constitutiva esencialia in sensu stricissimo*; los otros se denominan atributos, *consectaria racicionata*, y forman a la verdad igualmente parte de la esencia de la cosa, pero en tanto solamente que no se consideren derivados, sino de sus partes esenciales; así es, por ejemplo, que los tres ángulos de un triángulo derivan de los tres lados.

Los caracteres no esenciales son también de dos especies, según que conciernen a las determinaciones internas de una cosa, *modi*, o a sus aspectos externos, *relationes*: así, por ejemplo, la erudición es una determinación interna del hombre; ser amo o criado es una determinación externa.

La semejanza de todas las partes esenciales de una cosa, es decir, la suficiencia de sus nociones elementales en cuanto a la coordinación o a la subordinación es su esencia, *complexus notarum rimitivarum interne dato conceptui sufficientium est complexus notarum conceptum aliquem primitive constetueutium*.

No se trata de todo en esta explicación de la esencia real o natural de las cosas, la cual no podemos conocer en manera alguna; porque la lógica, haciendo abstracción de toda la materia del conocimiento, y por consecuencia también de la cosa misma, no considera más que la esencia lógica (o nominal) de las cosas. Y esta esencia se puede dar a conocer muy fácilmente, basta para ello el conocimiento de todos los predicados con relación a los cuales se determina un objeto por su noción; en vez de que para conocer la esencia real de la cosa, *esse rei*, es necesario tener el conocimiento de los predicados de los cuales depende todo lo que forma parte de su existencia como principios de determinación. Si, pues, por ejemplo, queremos determinar la esencia lógica de los cuerpos, no es de todo punto necesario para este efecto investigar los datos, *data*, en la naturaleza; basta reflexionar sobre las nociones elementales que constituyen primitivamente como piezas esenciales, *constitutiv rationes,* la idea fundamental del cuerpo; porque la esencia lógica no es aun otra cosa que la primera noción fundamental de todos los caracteres necesarios de una cosa. *Esse conceptus.*

3.°

Se distinguen dos grados de perfección en el conocimiento en cuanto a la cualidad. El primero conserva el nombre de claridad; el segundo puede llamarse lucidez, y resulta de la claridad de las nociones elementales.

Es necesario distinguir ante todo la lucidez lógica en general, de la lucidez estética. La lucidez lógica reposa sobre la claridad objetiva de los caracteres, y la lucidez estética sobre su claridad subjetiva. La primera es una claridad producida por nociones. La segunda producida por intuiciones. La segunda especie de lucidez consiste en una simple vivacidad (Lebhaftigkeit) y en la inteligibilidad (Verstænddichkeit), es decir, en una simple claridad por medio de ejemplos *in concreto* (porque muchas cosas pueden ser inteligibles sin que por esto sean lúcidas; y al contrario, muchas cosas pueden ser claras, y; a pesar de esto; difíciles; de entender, puesto que es necesario elevarse hasta las nociones más distantes, cuya unión con la intuición no es posible más que por una larga serie).

La lucidez objetiva produce muchas veces la oscuridad subjetiva y recíprocamente.

La lucidez lógica es, pues, muchas veces contraria a la lucidez estética, y recíprocamente, la lucidez estética es muchas veces dañosa a la lucidez lógica, a causa de comparaciones y ejemplos que no tienen perfecta aplicación, pero que no se emplean más que por analogía. Además los ejemplos en general no son nociones elementales, y no forman parte de las nociones totales, ellos no pertenecen, como intuiciones, más que a la aplicación de la noción. Una lucidez producida por ejemplos (la simple inteligibilidad), difiere, pues, totalmente de la lucidez producida por nociones, como caracteres. La perfecta claridad (Helligkeit) consiste en la unión de una y otra lucidez, la estética o popular, y la escolástica o lógica: porque en una cabeza lúcida hasta este punto, se concibe el talento para una exposición luminosa de conocimientos abstractos o fundamentales proporcionales a la fuerza de comprensión del sentido común.

En lo que mira más particularmente a la lucidez lógica, esta no es perfecta más que en tanto que las nociones parciales, que tomadas mi conjunto componen la noción total, han adquirido la claridad. Una noción perfecta o completamente lúcida, puede serlo en cuanto a la totalidad de sus coordinadas, o en cuanto a la totalidad de sus subordinadas. En el primer caso, la lucidez de una noción es extensivamente perfecta o insuficiente; es la lucidez de detalle o de extensión (Aúsfúhrtichkeit). En el segundo caso, lo es intensivamente, lo que constituye la profundidad.

La primera especie de lucidez lógica puede llamarse todavía perfección externa de los caracteres, *completudo externa*; y la segunda, perfección interna de estos mismos caracteres, *completudo interna*. La segunda no se puede obtener más que con nociones racionales puras y de nociones arbitrarias, mas no de nociones experimentales.

La cuantidad extensiva de la lucidez, se denomina precisión (Abgemessenheit), cuando no es abundante. La lucidez de los detalles (Ausfuhrlichkeit), completudo, junto a la precisión constituye la exactitud, *cognitionem quae rem adequat*, y el conocimiento intensivamente adecuado en la profundidad, unido al conocimiento intensivamente adecuado en los detalles y la precisión, constituye perfección absoluta del conocimiento, *consummata cognitionis perfectio*, en cuanto a la cualidad.

4.°

Puesto que la lógica se ocupa de hacer claras las nociones, se puede preguntar de qué manera lo hace.

Los lógicos do la escuela de Wolff suponen que los conocimientos no se esclarecen más que por el análisis. Sin embargo, toda lucidez no viene del análisis de una noción dada; esto no es cierto más que para los caracteres que se piensan ya en la noción; mas no para los caracteres que solo se juntan a la noción total, como partes de toda la noción posible.

La lucidez de esta última especie no resulta, pues, del análisis, sino de la síntesis.

Hay, en verdad, una gran diferencia entre estas dos cosas: *formar una noción clara y formar claramente una noción.*

En efecto, nosotros no formamos una noción clara más que pasando de las partes al todo. En esto no hay todavía caracteres; los obtenemos únicamente por la síntesis. De este procedimiento resulta la claridad sintética, que en realidad extiende el contenido de una noción por la adición que se le hace de un carácter intuitivo (puro o empírico). Este procedimiento sintético es el que emplean el matemático y el naturalista para esclarecer las nociones: porque toda lucidez del conocimiento matemático propiamente dicho, así como el del conocimiento experimental, descansa sobre la extensión de este conocimiento por la síntesis de los signos.

Mas cuando nosotros hacemos clara una noción, el conocimiento no gana nada con esta simple descomposición relativa a la materia o al contenido, que queda el mismo; únicamente es la forma la que la cambia, puesto que de un conocimiento mas claro no aprendemos a distinguir o conocer más que lo que ya está dado en la noción. Así como la simple iluminación de un mapa no añade nada al mismo en su contenido, del mismo modo el simple esclarecimiento analítico de una noción dada no aumenta en ella nada en el fondo.

La síntesis esclarece mucho más los objetos, y el análisis las nociones. En el análisis el todo es dado antes que las partes; en la síntesis sucede todo al contrario. El filósofo no hace más que esclarecer las nociones dadas. -Algunas veces, sin embargo, procede sintéticamente, cuando la noción que de este modo quiere esclarecer está ya dada.

El procedimiento analítico para producir la lucidez, el único del cual se puede ocupar la lógica, es la primera y principal condición para la lucidez de nuestro conocimiento. Cuanto nuestros conocimientos son más claros, tanto más son fuertes y poderosos. En todo caso, el análisis no debe llevarse hasta el último pormenor, de manera que haga desaparecer, por decirlo así, el objeto, reduciéndolo a polvo.

Si tuviéramos conciencia de todo lo que en nosotros pasa, nos admiraríamos del número prodigioso de nuestros conocimientos.

5.°

En cuanto al valor objetivo de nuestros conocimientos en general, se pueden establecer grados en la progresión siguiente:

1. El primer grado del conocimiento consiste en representar (vorstellem) alguna cosa.

2. El segundo consiste en representársela con conciencia o en percibirla, *percipere*.

3. El tercero, en conocer una cosa por comparación con otra, tanto en la relación de identidad como en la diversidad, *noscere*,

4. El cuarto en conocer con conciencia, cog*noscere. Los* animales conocen los objetos, más no con conciencia.

5. El quinto en entender, *intelligere,* es decir, en conocer por el entendimiento en virtud de nociones, o sea en concebir Este hecho es muy diferente del de comprender (Begreifen). Se pueden concebir muchas cosas, aunque no se pueden comprender: así es que se puede concebir, por ejemplo, el movimiento continuo, cuya imposibilidad se demuestra en mecánica.

6. El sexto en distinguir (Erkennen) o penetrar (einsehen) una cosa por medio de la razón, *perspicere*. Nosotros no alcanzamos en este sentido más que un pequeño número de objetos, y nuestros conocimientos disminuyen en tanto que queremos perfeccionarlos demasiado.

7. El sétimo, por último, en comprender (Begreifene), *comprehendere* una cosa, es decir, en conocer por medio de la razón, o *a priori*, lo que basta a nuestros fines. -Porque todo nuestro comprender no es más que relativo, es decir, suficiente para un determinado fin; absolutamente no comprendemos nada. -Nada puede comprenderse más que lo que demuestra el matemático, por ejemplo, que todas las líneas de un círculo son proporcionales, y sin embargo, aquel no comprende de dónde proviene que una figura tan simple tenga sus propiedades. El campo de la intelección (Verstehens) o del entendimiento, es pues, en general, mucho mayor que el de la comprensión (Begreifens) o de la razón.

- IX - DE LA PERFECCIÓN LÓGICA DEL CONOCIMIENTO EN CUANTO A LA MODALIDAD. -CERTEZA. -NOCIÓN ES DE LA CREENCIA EN GENERAL. -MODO DE LA CREENCIA OPINIÓN, FE, SABER. -CONVICCIÓN Y PERSUASIÓN. - RETENCIÓN Y SUSPENSIÓN DEL JUICIO. -JUICIO PROVISIONAL. - PREJUICIOS, SUS FUENTES Y PRINCIPALES ESPECIES

1.º

La verdad es una cualidad objetiva del conocimiento; mas el juicio en, virtud del cual nos representamos una cosa como verdadera, la relación de este juicio con una determinada inteligencia, y por consiguiente a un sujeto particular, constituye la creencia (Furwar halten) subjetiva.

La creencia es, en general, cierta o incierta. La creencia cierta, o la certidumbre, va acompañada de la conciencia de la necesidad. La creencia incierta, por el contrario, o la incertidumbre, va acompañada de la conciencia de la contingencia o posibilidad de lo opuesto a lo que se cree. De donde la incertidumbre es insuficiente tanto subjetiva como objetivamente, o bien es insuficiente objetivamente y suficiente subjetivamente. En el primer caso, hay opinión; en el segundo, hay fe.

Hay, pues, tres especies de creencia; la opinión, la fe y la ciencia.

La opinión se produce por medio de un juicio problemático; la fe por un juicio asertórico, y la certidumbre por un juicio apodíctico. Porque lo que yo opino simplemente, no es considerado en mi pensamiento más que como problemáticamente cierto; lo que yo creo es afirmado por mí, como asertóricamente cierto, mas no como objetivo y necesariamente válido, aunque lo sea subjetivamente (o para mi solo); por último, de lo que yo estoy cierto, es afirmado por mí como apodícticamente cierto, es decir, como necesario, general y objetivamente (valiendo para todos), para suponerlo, toda vez que el objeto al cual esta creencia se refiere, sea una verdad puramente empírica. Esta distinción de la creencia en sus tres modos, por lo demás, no mira más que a la facultad de juzgar; esto es, por la relación del criterio subjetivo del conocimiento, de un juicio a las reglas objetivas.

Así es, por ejemplo, que la creencia en la inmortalidad sería simplemente *problemática*, si obráramos, como si debiéramos ser inmortales; asertórica, si creyésemos que somos inmortales; y apodíctica, por último, si estuviéramos enteramente ciertos de que hay otra vida después de esta.

Hay una diferencia esencial que nos lleva a distinguir entre opinar, creer y saber, o estar ciertos.

1. *Opinar*. -El opinar, o el creer por razones que no son suficientes ni subjetiva ni objetivamente, puede considerarse como un juicio provisional, *sub conditione suspensiva ad interin*, de donde no es fácil pasar. Se debe necesariamente opinar primeramente, antes de admitir o afirmar; mas se debe también tener mucho cuidado de no tomar una opinión acerca de cualquier cosa, más que como una simple opinión. La opinión es en general la introducción de todo conocimiento. Algunas veces tenemos presentimientos vagos de la verdad; una cosa puede encerrar para nosotros el signo de la verdad; puede parecer que muestra los caracteres de la misma, y en este caso se nos muestra antes de conocerla con certeza determinada.

Mas en qué caso hay propiamente mera opinión? No hay nunca en las ciencias que tienen por objeto el conocimiento *a priori*; por esto no la hay en las matemáticas, ni en la metafísica, ni en la moral, sino únicamente en los conocimientos empíricos, como en física, en psicología, etc., porque es contradictorio opinar *a priori*. Habría algo más ridículo que opinar en matemáticas? Aquí, como en metafísica o en moral, o se tiene ciencia, o ignorancia. Las cosas de opinión no pueden, pues, ser más que objetos de un conocimiento experimental, conocimiento posible en sí, es verdad, y que no es imposible para nosotros, sino por causa de los límites empíricos de las condiciones de nuestra facultad de experiencia, y del grado de esta facultad; así, por ejemplo, el éter de los físicos modernos es una cosa de simple opinión, porque yo percibo con motivo de esta opinión, como con motivo de toda opinión, en general, cualquiera que ella sea, que la opinión contraria quizá podría ser demostrada. Mi creencia es pues, en este caso insuficiente objetiva y subjetivamente, aunque considerada en sí misma puede ser completa.

2. *Creer* (en sentido estricto, fe). -La fe o la creencia, conforme a un principio subjetivamente suficiente, pero objetivamente insuficiente, se refiere a los objetos sobre los que no solamente nada se puede saber, sino que nada se pueda opinar; en los que ni aun puede penetrar la verosimilitud, sino que solamente se puede tener tal certidumbre, que no resulte contradicción de pensarlos de la manera que se hace. Todo lo demás es una libre creencia que no puede ser necesaria más que bajo el punto de vista práctico o *a priori*, creencia, por tanto, de lo que se admite por razones morales, mas con la certeza de que no puede demostrarse lo contrario[1].

La fe, pues, no debe ocuparse:

(a) De objetos de conocimiento empírico. La fe que se llama histórica no puede llamarse con propiedad fe, es decir, no le podemos dar esta denominación en sentido opuesto a la certeza, puesto que aquella puede ser cierta. La creencia fundada en un testimonio no difiere, ni en cuanto al grado, ni en cuanto a la especie, de la creencia fundada en la experiencia personal.

(b) La fe no tiene por objeto una cosa de conocimiento racional (conocimiento *a priori*) sea teórico, como en las matemáticas y la metafísica, sea práctico, como en la moral.

Se pueden creer las verdades racionales matemáticas, tanto porque en ellas no cabe el error, cuanto porque, aun dado caso que cupiera, fácilmente sería descubierto; mas sin embargo, de este modo no se puede saber. Las verdades racionales filosóficas no se pueden admitir como creídas, sino como sabidas; porque la filosofía no sabe más que por sola la persuasión. Por lo que toca al objeto del conocimiento racional práctico en moral, al hablar de los derechos y deberes, no puede tener lugar la simple fe; debemos estar completamente ciertos de si una, cosa es justa o injusta, conforme o contraria al deber, permitida o prohibida. En lo, que toca a la moral, nada se puede dejar en estado de incertidumbre; nada debe resolverse con peligro de violar la ley moral. Por ejemplo, no basta, que, un juez crea que una determinada persona ha cometido un delito, para que efectivamente ésta lo haya cometido; debe saberlo (jurídicamente) y no fallar sin que tenga certeza del hecho.

(c) No hay, pues, objetos de fe, más que aquellos con cuyo motivo la creencia es necesariamente libre; es decir, no determinada por un principio objetivo de verdad independiente de la naturaleza y del interés del sujeto.

La fe no da, pues, con los principios subjetivos, ninguna convicción que se pueda participar a los demás, y no impone un asentimiento universal, como lo hace la convicción que resulta de la ciencia. Yo solo puedo estar cierto del valor y de la invariabilidad de mi fe práctica; y mi fe en la verdad de una proposición, en la realidad de una cosa, es lo que hay con relación a mí de conocimiento, sin ser, a pesar de esto, un conocimiento.

El incrédulo en moral es el que no admito lo que es en verdad imposible de saber, pero que es necesario moralmente suponer. Esta especie de incredulidad, tiene siempre su origen en un objeto de interés, moral. Cuanto más grande es el sentimiento moral de una persona, más firme y más viva debe ser también su fe, en todo lo que se ver obligado a admitir por interés moral, bajo un punto de vista prácticamente necesario.

3. *Saber*. La creencia que deriva de un principio de conocimiento válido, tanto objetiva como subjetivamente, o sea de la certeza, es empírica o racional, según que se funda en la experiencia propia o extraña, o en la razón. Esta creencia, pues, se refiere a dos fuentes, origen de todos nuestros conocimientos: la experiencia y la razón.

La certeza racional es, o matemática o filosófica; la primera es intuitiva, la segunda discursiva.

La certeza matemática se llama también evidencia, pues que un conocimiento intuitivo es más claro que un discursivo. Aunque los conocimientos racionales matemáticos y filosóficos sean igualmente, ciertos en sí mismos, la certeza de una de estas ciencias es con todo diferente de la certeza de la otra.

La certeza empírica es primitiva, *originarie empírica*, cuando estamos ciertos de una cosa por experiencia propia; y es derivada, *derivative empírica*, cuando estamos ciertos de una cosa por experiencia ajena; esta última especie de certeza es la que comúnmcnte se denomina certeza histórica.

La certeza racional se distingue de la certeza empírica, por la conciencia de la necesidad que la acompaña; es, pues, una certeza apodíctica; mientras que la certeza empírica, no es, por el contrario, más que una certeza asertórica. Estamos racionalmente ciertos de lo que conocemos *a priori*. Nuestros conocimientos se pueden, pues, referir a conocimientos de la experiencia, y no obstante, la certeza puede ser al mismo tiempo empírica y racional, cuando conocemos por principios *a priori* una proposición empíricamente cierta.

No podemos tener una certeza racional de todas las cosas; pero es necesario darle la preferencia sobre la certeza empírica, todas las veces que podamos obtenerla. Toda certeza es, o mediata o inmediata, según que necesita de prueba, o que no la necesita, o no es susceptible de ella. Cualquiera que sea el número de conocimientos que no son ciertos, sino mediatamente o por demostración, deben existir también en nuestro espíritu conocimientos indemostrables, o inmediatamente ciertos, de donde los demás deben derivarse.

Las pruebas sobre las cuales descansa toda certeza mediata de un conocimiento, son o directas o indirectas (es decir, apagógicas). Cuando probamos una verdad por principios, damos una prueba directa; cuando, por el contrario, de la falsedad de una proposición deducimos la verdad de su opuesta, damos una prueba apagógica. Mas para que esta última prueba sea válida, las proposiciones deben ser contradictorias, o diametralmente opuestas; porque dos proposiciones que no fueran opuestas más que en el sentido de ser la una contraria a la otra, podrían ambas ser falsas. Una prueba que sirve de fundamento a la certeza matemática, se llama *demostración*; y la que sirve de fundamento a la certeza filosófica, es una prueba acroamática. Las partes esenciales de una prueba en general, son la materia y la forma, o el fundamento de la prueba (Beweisgrund) y la consecuencia.

La ciencia, es decir, el conjunto sistemático de un orden de conocimientos, resulta de la certeza.

La ciencia se opone al conocimiento común, es decir, al conjunto de conocimientos como un simple agregado. El sistema descansa sobre la idea de un todo que es anterior a las partes; en el conocimiento común, por el contrario, las partes son anteriores al todo. Hay ciencias históricas y ciencias racionales.

2.º

De todas las observaciones que hasta aquí llevamos hechas sobre la naturaleza y especies de creencia, podemos deducir como resultado, el siguiente: que toda nuestra convicción es o práctica o lógica. Cuando sabemos que estamos exentos de todos los principios subjetivos, y que la creencia es sin embargo suficiente, entonces estamos convencidos, y convencidos lógicamente por razones objetivas (el objeto es cierto).

La creencia completa por razones subjetivas que tienen valor, tanto bajo el respecto práctico como bajo el de los principios objetivos, constituye de este modo la convicción, no solamente lógica, sino también práctica (*yo estoy cierto*), y esta convicción práctica o esta fe moral de la razón es muchas veces más firme que el saber. En el saber se puede todavía atender a las razones contrarias, a la determinación que se adopte, mas no en la fe, puesto que en ella no se trata de razones objetivas, sino del interés moral del sujeto[2].

La persuasión (Veberredung) que es una ciencia fundada sobre principios insuficientes, acerca de los cuales se ignora si son simplemente subjetivos o si también son objetivos, es opuesta a la convicción (Veberzengung).

La persuasión precede muchas veces a la convicción. Hay un gran número de conocimientos con cuyo motivo solo adquirimos la conciencia de no poder juzgar si las razones de nuestra creencia son objetivas o subjetivas. A fin de poder pasar de la simple persuasión a la convicción, estamos obligados a reflexionar, es decir, a ver a cuál de nuestras facultades intelectuales se refiere nuestro conocimiento, y entonces examinamos si los principios son o no suficientes por razón del objeto. Nosotros quedamos en la persuasión en estado de atención a multitud de cosas; en unas nos elevamos hasta la reflexión (Veberlegung); en otras en muy corto número, hasta el examen (Untersuchung). El que sabe lo que se necesita para estar cierto de una cosa, no confundirá fácilmente la persuasión y la convicción, y no se dejará persuadir fácilmente. Hay una razón determinante para la adhesión, que resulta de las razones objetivas y subjetivas, y la mayor parte de los hombres no distinguen esta acción mixta de las dos especies de principios.

Aunque toda persuasión sea falsa, en cuanto a la forma, *formaliter*, a saber, cuando un conocimiento incierto parece cierto, puede ser, no obstante, verdadera en cuanto a la materia, *materialiter*. Se distingue también de la opinión, que es un conocimiento incierto, en tanto que aquel es reputado como cierto.

La fuerza de la creencia la recibe por medio de afirmaciones y juramentos. Basta para afirmar una prueba comparativa; mas para jurar es necesario una prueba absoluta fundada sobre principios objetivos, o al menos una creencia subjetiva absolutamente suficiente.

3.º

Muchas veces se emplean expresiones como estas: *adherirse a un juicio, mantener un juicio, suspenderlo, emitirlo*, etc. Estas locuciones y otras semejantes parecen indicar que hay algo de arbitrario en nuestro juicio, puesto que tenemos una cosa por verdadera, porque queremos tenerla por tal. Se pregunta, pues, si la voluntad tiene alguna influencia sobre el juicio.

La voluntad no tiene ninguna influencia inmediata sobre la creencia; esto seria absurdo. Cuando se dice que creemos voluntariamente lo que deseamos, con esto no decimos otra cosa, más que nos complacemos en nuestros deseos; por ejemplo, un padre en los votos que hace por sus hijos. Si la voluntad tuviera una influencia inmediata sobre lo que deseamos, nos alimentaríamos constantemente de quimeras de una felicidad perfecta, y las tendríamos siempre por verdaderas. Mas la verdad no puede luchar contra las pruebas convincentes de verdades que son contrarias a los votos que se forma y a las inclinaciones que la solicitan.

En tanto que la voluntad excita al entendimiento a la investigación de una verdad, o según que le extravía, se le debe reconocer una influencia sobre la aplicación del entendimiento, y mediatamente también sobre la misma persuasión, puesto que ella depende, si cabe, del entendimiento.

Pero por lo que toca a diferir o retener un juicio, esto no es más que la resolución de no hacer de un juicio puramente provisional, un juicio definitivo y determinante. Un juicio provisional es un juicio por el cual vemos, es cierto, más razones para la verdad de una cosa que contra esta verdad; pero todo esto, apercibiéndonos de que estas razones no bastan para fundar un juicio determinante o definitivo. Lo provisional es un juicio problemático admitido con este carácter.

La suspensión del juicio puede tener lugar por dos razones, o por investigar los motivos de un juicio determinante, o por no juzgar nunca. En el primer caso, la suspensión del juicio es una suspensión crítica, *suspensio judicii indagatoria*; en el segundo caso es escéptica, *suspensio judicii sceptica*; porque el escéptico renuncia a todo juicio, mientras que el verdadero filósofo no hace más que suspender el suyo, en tanto que no hay razones suficientes para considerar una proposición como verdadera.

Para suspender de propósito o de una manera razonada nuestro juicio, es necesario un continuo hábito de juzgar y reflexionar, hábito que apenas se encuentra más que en las personas de cierta edad. Es una cosa muy difícil por lo general abstenerse de juzgar, tanto porque nuestro entendimiento está siempre deseoso de ejercitarse con el juicio y de extender sus conocimientos, como porque nosotros siempre somos llevados a decidirnos y creer unas cosas con preferencia a otras; mas el que muchas veces ha tenido que volver sobre sus juicios, y por este medio hu venido a ser prudente y previsor, no juzgará tan ligeramente, por el temor de verse obligado a volver todavía por consecuencia sobre su juicio. Esta retractación es siempre penosa y hace que se apodere de nosotros la desconfianza para los demás conocimientos.

Todavía debemos notar que, una cosa es tener en duda el juicio, y otra cosa es tenerlo en suspenso. En este último caso tenemos siempre un interés en la cosa, mientras que en el primero no es siempre conforme a nuestro objeto e interés el decidir si la cosa es verdadera o no lo es.

Los juicios provisionales son muy necesarios aun indispensables para la aplicación del entendimiento en toda meditación y en toda investigación; sirven para dirigir el espíritu en las investigaciones, y le dan los materiales sobre que aquel debe ejercitarse.

Cuando meditamos sobre un objeto, siempre debemos juzgar provisionalmente al presente, y anticipar, presentir en cierto modo, el conocimiento que se nos da por la meditación; y cuando nos entreguemos a las investigaciones, debemos siempre formarnos un plan provisional, sin que los pensamientos vayan al capricho.

Se pueden establecer dos máximas para la investigación de una cosa. Se les podría todavía llamar anticipaciones, porque se anticipa por juicios provisionales sobre los juicios definitivos que debemos admitir más tarde. Como estos juicios tienen su utilidad, es conveniente dar reglas para juzgar bien provisionalmente.

4.º

Es necesario distinguir los juicios provisionales de los prejuicios.

Los prejuicios son juicios provisionales, en tanto que se admiten como principios. Todo prejuicio, pues, debe mirarse como principio de juicios erróneos. Los prejuicios engendran, no prejuicios, sino juicios erróneos. Es necesario, pues, distinguir el falso conocimiento que resulta de un prejuicio de la fuente que lo origina, es decir, del prejuicio mismo. Así, por ejemplo, la significación de los sueños no es en sí misma un prejuicio, sino mas bien un error que resulta de la regla admitida con demasiada extensión; *que lo que ocurre alguna vez debe ocurrir siempre y debe mirarse como verdadero*: y este principio que comprende la significación de los sueños, es un prejuicio.

Algunas veces los prejuicios son verdaderos juicios provisionales; únicamente no debemos darles nunca valor como principios o como juicios definitivos. La causa de esta ilusión consiste en que se reputan falsamente como objetivos los principios subjetivos por falta de la reflexión que debe proceder a todo juicio. Porque nosotros bien podemos admitir muchos conocimientos; por ejemplo, de proposiciones inmediatamente ciertas, sin examinarlas, es decir, sin investigar las condiciones de su verdad; pero no podemos y aun no debemos llevar nuestro juicio a nada sin reflexionar; es decir, sin comparar un conocimiento con la facultad de conocer de dónde debe el juicio emanar (la sensibilidad o el entendimiento). Si admitimos juicios sin esta reflexión necesaria, aun en el caso que no haya lugar a examen, nuestros juicios serán prejuicios, o principios para juzgar por causas subjetivas que falsamente se miran como razones objetivas.

Las principales fuentes de los prejuicios son la *imitación, el hábito y la inclinación.*

La imitación tiene una influencia general sobre nuestros juicios: es una poderosa razón para tener como verdadera lo que los demás nos dan como tal. Es, pues, un prejuicio el decir: *lo que todo el mundo hace es bueno.* Por lo que toca a los prejuicios que resultan del hábito, estos no pueden desarraigarse mas que a fuerza de tiempo, puesto que el entendimiento, retenido en un juicio por razones contrarias, se ha acostumbrado insensiblemente a un trabajo opuesto de pensar.

Más si un prejuicio de hábito lo es a la vez de imitación, la persona que a él se haya entregado, saldrá difícilmente de este estado. Un prejuicio de imitación puede también llamarse *inclinación al uso pasivo de la razón, o al mecanismo de la razón en vez de su uso espontaneo y regular.*

La razón es, a la verdad, un principio activo que no debe recibir nada de la autoridad de otro, ni aun de la experiencia para que su aplicación sea pura. Mas la pereza de un gran número de hombres hace que estos marchen voluntariamente sobre los pasos de otros mas bien que trazarse un camino por sí, haciendo uso de su entendimiento.

Estos hombres no pueden jamás ser sino copistas, y si todos se acomodaran a esto, el mundo quedaría estacionario: es necesario y muy importante que los juicios no se formen por imitación como ocurre muchas veces.

Otras muchas cosas nos conducen al hábito de la imitación, y hacen de este modo de la razón un mal fecundo en prejuicios. Corresponden a esta clase de auxiliares de la imitación, las siguientes:

1. Las fórmulas que con reglas; cuya expresión sirve de modelo a la imitación.

Ellas son, por lo demás, comúnmente útiles, y los espíritus lúcidos tienden siempre a las mismas.

2. Las máximas, cuya expresión es tan rica y tan llena de sentido, que parece imposible decir mas en tan pocas palabras. Estas expresiones (dicta) que deben recibirse siempre de aquellos a quienes se concede una especie de infalibilidad, sirven también de regla y de ley. Las máximas de la Biblia se llaman sentencias [kat' exochén].

3. Las sentencias, es decir, las proposiciones que se recomiendan y conservan muchas veces su autoridad durante siglos, como productos de un juicio madurado y formado por la experiencia.

4. Las reglas o sentencias doctrinales universales, que sirven de fundamento a las ciencias y extraen una cosa de lo elevado y reflexivo. Se les puede todavía presentar de una manera sentenciosa con el fin de darles mas gracia.

5. Los proverbios, que son las reglas populares de sentido común, o las expresiones de juicios populares. Mas no sirven como sentencias y reglas mas que para el vulgo.

Entre los prejuicios científicos que nacen de las tres fuentes precedentes, particularmente de la imitación, distinguiremos como los más comunes los siguientes:

1. Los prejuicios de autoridad, entre los cuales se cuentan:

(a) *El prejuicio que se forma por consideración a las personas.* - Cuando en las cosas que se fundan en la experiencia y el testimonio, aplicamos nuestro conocimiento bajo la consideración que tenemos a otras personas, no caemos en un prejuicio; porque en cosas de esta naturaleza, no pudiendo nosotros conocerlo todo por nosotros mismos, ni alcanzarlo todo con nuestro propio entendimiento, basamos nuestros juicios tratándose de conocimientos racionales, sobre la consideración que tenemos a otros, estos conocimientos no son para nosotros mas que verdaderos prejuicios, porque las verdades racionales tienen valor sin consideración a persona alguna; en estas verdades no es la cuestión saber quién las ha dicho, sino saber que es lo qué se ha dicho. Qué importa que un conocimiento sea o no de noble origen? Y sin embargo el tener consideración a los grandes hombres en materia científica, es cosa muy común, tanto a causa de los límites de la penetración ordinaria, cuanto por el deseo de imitar aquello que creemos grande. Nuestra vanidad se encuentra aun indirectamente satisfecha con el respeto que tributamos a cualquier hombre de genio, del mismo modo que los súbditos de un déspota poderoso se honran al ser todos tratados de la misma manera, puesto que el más pequeño con esto se puede creer igual al más grande, siendo todos igualmente nada en presencia del poder limitado de su señor; del mismo modo los adoradores de un gran hombre se juzgan iguales, en el sentido de que la superioridad que los unos pueden tener sobre los otros, considerada en relación con tal hombre, se considera como insignificante.

(b) *El prejuicio que se tiene por consideración al número.* El pueblo es muy dado a esta clase, de prejuicios; no pudiendo juzgar del mérito, de la capacidad y conocimientos de las personas, se adhiere espontáneamente al juicio de la muchedumbre, porque se supone que lo que se afirma por todos no puede dejar de ser verdad. No obstante, este prejuicio no se aplica mas que en lo que se refiere a conocimientos históricos: en materias de religión, cosa de las más interesantes, nos adherimos con preferencia al juicio de los sacerdotes.

Es cosa notable que el ignorante tiene un prejuicio para la ciencia, y el sabio a su vez tiene un prejuicio para el sentido común.

Cuando el sabio ha recorrido una gran parte del circulo de las ciencias sin haber conseguido con su trabajo la satisfacción que se prometía, desconfía entonces de las ciencias, especialmente de las especulaciones, en las cuales las ideas no pueden presentarse con carácter de sensibles, y cuyos fundamentos son dudosos, como por ejemplo, en metafísica. No obstante, como se cree que la clase de la certeza debe hallarse en cualquier parte, se busca en el sentido común, después de haberla buscado por largo tiempo y sin fruto en la ciencia.

Mas, esta esperanza es muy engañosa; porque si la razón ilustrada no puede alcanzar ningún conocimiento acerca de ciertas cosas, seguramente la razón sin cultivar será menos feliz todavía para esto. Principalmente en metafísica es inadmisible el apelar al sentido común, porque nada puede exponerse en concreto de él. Mas otra cosa sucede en moral, en dónde, no solamente pueden darse en concreto todas las reglas, sino que además, la razón práctica se revela por lo común con más claridad y con más exactitud por medio del sentido común, que por la aplicación del entendimiento especulativo. El sentido común juzga muchas veces mas acertadamente en materias de moral y del deber, que el sentido especulativo.

(c) *El prejuicio que resulta por el respeto que se tiene a la antigüedad.*

Este es uno de los más importantes. Nosotros tenemos sin duda razón para juzgar favorablemente a la antigüedad; pero no tenemos igualmente razón para asignarle un sentido sin límites, de hacer a los antiguos los tesoreros de los conocimientos y de las ciencias, y de elevar el saber relativo de sus escritos a un valor absoluto y de hacernos seguir ciegamente su dirección. Estimar de este modo el valor de la antigüedad mas allá de donde se debe, es inclinar el entendimiento a la edad de su infancia, y despreciar el empleo de los talentos que poseemos. Nos engañaríamos mucho si creyéramos que todos los antiguos han escrito tan clásicamente como aquellos, cuyas obras han llegado a nosotros.

Como el tiempo todo lo pulveriza, y no deja más que aquello que tiene un valor real, debemos creer con algún fundamento que solo poseemos las mejores obras de la antigüedad.

Muchas razones hacen reconocer y subsistir por largo tiempo el prejuicio en favor de la antigüedad.

Cuando cualquier cosa excede nuestro atento cálculo sobre una regla general, por de pronto nos sorprende, y esta sorpresa se convierte muchas veces en admiración. Esto es lo que sucede con los antiguos cuando en ellos se encuentra una cosa que no se buscaba allí, y que aun no se esperaba de ellos, en razón del tiempo en que vivieron. Otra causa es que el conocimiento de la antigüedad, constituye una erudición y una lectura, que se atrae siempre una cierta consideración, por común e insignificante que sea el objeto. Una tercera razón es el reconocimiento que tenemos a los antiguos, por habernos allanado el camino para la adquisición de un gran número de conocimientos. Parece justo tributarles una gratitud especial, cuyos justos limites traspasamos muchas veces. Una cuarta razón es por último, la envidia que se tiene a los contemporáneos: el que no puede competir con los modernos, eleva a los antiguos con el fin de que los modernos no puedan elevarse sobre él.

2. El prejuicio opuesto al anterior es el de la *novedad*. Alguna vez el respeto a la antigüedad se viene abajo con el prejuicio que lo era favorable: es lo que ocurrió a principios del siglo XVIII cuando Fontenelle abrazó el partido de los modernos. Tratándose de conocimientos susceptibles de extensión, es muy natural que tengamos más confianza en los modernos que en los antiguos; más esto no es mas que un juicio cuyo principio no es en sí mismo más que un simple juicio provisional. Si formamos en esto un juicio definitivo, entonces es un prejuicio.

3. *Prejuicios de amor propio o egoísmo lógico*, que hace que se desprecie la conformidad de nuestro propio juicio con el juicio de los demás, como criterio superfluo. Estos prejuicios son opuestos a los de la autoridad, puesto que consisten en una cierta predilección por lo que es un producto de nuestro propio entendimiento, por ejemplo, por un sistema que nos pertenece.

5.º

Es bueno y útil dejar subsistir los prejuicios, y aun deben favorecerse. Es una cosa admirable que se pueda suscitar esta cuestión todavía, principalmente por lo que se refiere a favorecer los prejuicios. Favorecer un prejuicio es engañar alguno en un objeto de utilidad.

Dejar los prejuicios intactos sucede todavía; porque quién puede envanecerse de descubrir y disipar todos los prejuicios? Mas el sabor si será conveniente el hacer todos los esfuerzos para la extirpación de aquellos, es otra cuestión. Es sin duda muy difícil el combatir útilmente todos los prejuicios antiguos, los que han dejado hondas raíces, porque ellos mismos son los que por aquellos responden y en cierto modo con sus propios juicios. También se trata de justificar la necesidad de los prejuicios, haciendo resultar los inconvenientes que podían resultar de su abolición. Mas teniendo valor para despreciar estos inconvenientes, el bien se conocerá después.

---

1. La fe un es una fuente especial de conocimiento; es una especie de creencia imperfecta con conciencia. Se distingue cuando se considera circunscrita a cierta especie de objetos (que no pertenecen más que a la fe) de la opinión, no por el grado sino por el respecto que tiene, como conocimiento, con la acción. Así por ejemplo, que el comerciante debe para terminar un negocio, no solamente opinar que tendrá ganancia en él, sino creerlo así: es decir, que su opinión acerca de la empresa, es suficiente, aunque de ella no tenga certeza. Por donde si tenemos conocimientos teóricos (de lo sensible) en los que podemos llegar a la certeza, y por tanto a todo lo que se puede denominar conocimientos, humanos, este conocimiento debe ser posible. Nosotros poseemos también conocimientos de esta especie, y aun perfectos *a priori* en las leyes prácticas; mas estas leyes se fundan sobre un principio supra-sensible (el de la libertad), y en nosotros mismos como principio de la razón práctica. Mas esta razón práctica es una causalidad, por lo que toca a un objeto igualmente supra-sensible, *el soberano bien*, el cual no podemos conseguir en el mundo sensible. No obstante, la naturaleza como objeto de nuestro conocimiento teórico, debe diferir de esto; porque la consecuencia o efecto de este principio lo debemos, pues hallar en el mundo sensible.

Debemos, pues, tratar del modo de realizar ente fin.

Hallamos también en el mundo sensible las señales de un orden racional, y creemos que la causa cósmica obra también con sabiduría moral como el soberano bien. Hay en esto una creencia que basta para la acción; es decir, hay fe. Por donde si nosotros no tenemos necesidad de esta fe para obrar de conformidad con las leyes morales, puesto que estas nos las suministra únicamente la razón práctica, tenemos necesidad de admitir una sabiduría suprema como objeto de nuestra voluntad moral, y conforme a este objeto debemos regular nuestros fines por separado de las leyes de nuestras acciones. Aunque no hay ninguna relación objetiva y necesaria de este bien con nuestro libre arbitrio, él es, sin embargo, el objeto subjetivamente necesario de una recta voluntad (aun humana), y la fe que puede alcanzar este objeto, es necesaria para este efecto.

Entre la adquisición de un conocimiento por experiencia (*a posteriori*) y la adquisición de un conocimiento por medio de la razón (*a priori*) no hay medio. Mas entre el conocimiento de un objeto y la simple suposición de su posibilidad, hay un medio, a saber, una razón empírica, o una razón racional de admitir esta posibilidad por lo que toca a la extensión necesaria del campo de objetos posibles por separado de aquellos cuyo conocimiento está a nuestro alcance. Esta necesidad no tiene lugar más que en este sentido, puesto que el objeto es conocido como prácticamente necesario y por medio de la razón práctica; porque siempre es cosa accidental el admitir algo en favor de la extensión del conocimiento teórico.

Esta suposición prácticamente necesaria de un objeto, es la de la posibilidad *del soberano bien* como objeto del libre arbitrio, y por tanto, también la suposición de la condición de esta posibilidad (Dios, la libertad y la inmortalidad). Tal en la necesidad subjetiva de admitir la realidad del objeto a causa de la determinación necesaria de la voluntad. Tal es el *casus extraordinarius* sin el cual no puede subsistir la razón práctica, con respecto a su fin necesario, y hay lugar aquí de reconocer por su medio un *favor* necesario en su propio juicio. Por medio de esta suposición no podemos adquirir ningún objeto; no podemos más que rechazar el obstáculo que ofrezca la aplicación de esta idea que lo pertenece prácticamente. Esta fe es la necesidad de admitir la realidad objetiva de una noción *del soberano bien* es decir, la posibilidad de su objeto como necesario *a priori* del libre arbitrio. Mas si queremos por medio de acciones, ponernos en posesión del fin posible, debemos en este caso admitir que este fin es absolutamente posible. Yo puedo solamente decir: Me veo obligado por mi fin, según las leyes de la libertad, a reconocer posible un soberano bien en el mundo, mas yo no puedo obligar a ninguno otro por medio de razones (la fe es libre).

La fe racional no puede, pues, jamás dar como resultado el conocimiento teórico; porque en toda ella no hay más que opinión en donde la creencia es objetivamente insuficiente. Esta fe racional es simplemente una suposición de la razón bajo un respecto subjetivamente práctico, pero absolutamente necesario. La intención conforme a leyes morales, conduce a un objeto determinable por la razón pura. La suposición de la realización posible de este objeto, y por tanto de la realidad de la causa propia para producir este efecto, es una fe moral, o una creencia libre, pero necesaria, en el objeto moral de cumplir sus fines.

La confianza en la fidelidad del cumplimiento de las promesas es propiamente la fe subjetiva, que tiene dos partes que contratan ambas, que cumplirán su promesa. Confianza y creencia que tienen lugar, la primera cuando está hecho el pacto; la segunda cuando se debe concluir.

Siguiendo esta analogía, la razón práctica es en cierto modo el *promittente*; el hombre, aquél a quien la promesa se hace, y el bien alcanzado por medio de la acción, la cosa prometida.

2. Esta convicción práctica es, pues, la fe moral de la razón, que solo se denomina fe, en el más estricto sentido de la palabra; fe, que debe ser opuesta al sabor y a toda convicción teórica o lógica en general, puesto que ella no puede elevarse jamás hasta el saber. La fe histórica, por el contrario, no debe distinguirse, según dejamos dicho, del saber, puesto que con como una especie de creencia teórica o lógica, puede aun llegar al saber. Podemos admitir una verdad empírica sobre el testimonio de otra con la misma certidumbre que si hubiéramos llegado a ella por hechos de propia experiencia. Si hay algún engaño en la primera especie de saber empírico, hay el mismo en la última.

El saber empírico histórico o mediato descansa sobre la certeza de los testimonios. Para que un testimonio sea admisible, es necesario que sea auténtico e íntegro.

- X - DE LA PROBABILIDAD. - DEFINICIÓN DE LO PROBABLE. - DIFERENCIA ENTRE LA PROBABILIDAD Y VEROSIMILITUD. -PROBABLE MATEMÁTICO Y PROBABLE FILOSÓFICO. -DUDA. -DUDA SUBJETIVA Y OBJETIVA. -MÉTODO PARA FILOSOFAR: MÉTODO ESCÉPTICO, DAEMÁTICO -CRÍTICO. - HIPÓTESIS

1.º

La teoría de la certeza de nuestro conocimiento comprende también la del conocimiento de lo probable, que es como una aproximación de la certeza.

Debemos entender por probabilidad una creencia fundada sobre razones que distan más o menos de las que producen la certeza; pero que siempre se hallan mas cerca de ella en todo caso que las razones que sirven de apoyo a la proposición contraria. Esta explicación hace resaltar la diferencia que existe entre la probabilidad (*probabilitas*), y la verosimilitud (*verosimilitudo*): en la probabilidad, las razones de preferencia tienen un valor objetivo; en la verosimilitud, por el contrario no tiene más que un valor subjetivo. Es necesario, pues, tener en la probabilidad una unidad de medida que sirve para apreciarla. Esta unidad de medida es la certeza. Porque para comparar estos principios insuficientes para la certeza con los que lo son, es necesario saber lo que constituye la certeza. Falta esta unidad de medida en la verosimilitud, puesto que en ella no se comparan las razones insuficientes con las que lo son, sino solamente con las razones del contrario.

Los momentos de la probabilidad pueden ser homogéneos o heterogéneos. Son homogéneos como los conocimientos matemáticos en donde pueden ser numerados; son heterogéneos como los conocimientos filosóficos en donde deben ser pesados, es decir apreciados de conformidad con su influencia. Mas esta influencia no se aprecia en sí misma sino por los obstáculos que encuentra en el espíritu.

Los momentos heterogéneos no dicen ninguna relación con la certeza, sino únicamente la relación de una apariencia con otra. De donde se sigue que el matemático sólo puede determinar la relación de las razones insuficientes; el filósofo se debe contentar con la apariencia de una creencia puramente objetiva y prácticamente suficiente, porque la probabilidad no puede estimarse en el conocimiento filosófico a causa de la heterogeneidad de razones; aquí los pesos, por decirlo así, no son estampados. Es pues de la probabilidad matemática de la que propiamente puede decirse *que es más de la mitad de la certeza.*

Se ha hablado mucho de una lógica de la probabilidad (*logica probabilium*) mas esta ciencia no es posible. Si la relación de las razones insuficientes a las suficientes no puede considerarse matemáticamente, todas las reglas no sirven de nada. No se pueden dar en todo caso otras reglas generales de la probabilidad más que esta: que el error no debe hallarse de una sola parte, pero que debe haber una razón de conformidad en el objeto. Otra regla es que si en las dos partes opuestas hay error, en igual número y grado la verdad se halla en medio.

La duda es una razón contraria o un simple obstáculo a la creencia, obstáculo que puede ser considerado subjetivo o subjetivamente considerada la duda se toma algunas veces como al estado de un espíritu irresoluto; y objetivamente como el conocimiento de la insuficiencia de razones para creer. Bajo este último punto de vista, es lo que se llama una objeción, es decir, una razón objetiva para mirar como falso un conocimiento verdadero.

Cuando hay una razón opuesta a otra, pero que no tiene mas que valor subjetivo, es un escrúpulo. En el escrúpulo no se sabe si el obstáculo o la creencia tiene un fundamento objetivo o puramente subjetivo, por ejemplo, en la inclinación, el hábito, etc., la duda sin explicarse clara y determinadamente la razón de la duda, y sin poderse apercibir si esta razón se halla en el mismo objeto o solamente en el sujeto. Para disipar estos escrúpulos, es necesario elevarse a la claridad y a la determinación de una objeción. Porque la certeza resulta de la lucidez y plenitud de las objeciones, y nadie puede estar cierto de una cosa si las razones contrarias no se aprecian de manera que se pueda determinar, por decirlo así, la distinción que hay todavía hasta la certeza. No basta, pues, que una duda se disipe; se debe también resolver, es decir, se debe hace comprender cómo ha nacido el escrúpulo. Sin esto la duda únicamente queda disipada, pero no destruida; el germen de la duda existe siempre. No podemos sin duda saber en muchos casos si el obstáculo a la creencia se funda para nosotros en razones objetivas o solamente subjetivas, y no podemos, por consiguiente, arrancar el escrúpulo por el descubrimiento de la apariencia, puesto que no podemos siempre comparar nuestros conocimientos con el objeto, sino muchas veces solamente se pueden comparar ellos entre sí. Es, pues, modestia, el no presentar nuestras objeciones más que como dudas.

2.°

Hay un principio de duda que consiste en esta máxima: *Proponerse tratándose de conocimientos, hacerlos inciertos*. Este principio tiende a hacer ver la imposibilidad de llegar a la certeza. Esta manera de filosofar es el escepticismo. Se opone al método dogmático, al dogmatismo, que es una confianza ciega, en la facultad que tiene la razón de extenderse *a priori* y sin crítica, por puras nociones, únicamente para obtener un éxito aparente.

Estos dos métodos son viciosos si se hacen generales, porque hay un gran número de conocimientos, en los cuales no podemos proceder dogmáticamente, y de otro lado el escepticismo, renunciando a todo conocimiento afirmativo, paraliza todos nuestros esfuerzos para adquirir el conocimiento de lo cierto.

Ya es el método escéptico dañoso, ya es útil y justo. Esto último sucede cuando entendemos por método escéptico la manera de tratar una cosa como incierta y de reducirla a la más alta incertidumbre, con la esperanza de hallar por este medio el camino de la verdad. Este método no es, pues, propiamente más que una simple suspensión del juicio. Es muy útil para el procedimiento crítico que es el método de filosofar, según el cual se buscan las fuentes de nuestras afirmaciones o de nuestras objeciones, y las razones que lo sirven de base; método que da esperanzas de llegar a la certeza.

El escepticismo no tiene lugar en matemáticas, ni en física. En él no hay más que el conocimiento puramente filosófico, que ha podido darle nacimiento: este conocimiento no es ni matemático ni empírico. El escepticismo absoluto, lo presenta todo como aparente. Distingue pues la apariencia de la verdad, y debe haber un signo de distinción, y por consiguiente suponer un conocimiento de la verdad, en lo que se contradice él mismo.

3.º

Nosotros hemos observado en sentido más elevado, por lo que se refiere a la probabilidad, que esta no es más que la simple aproximación de la certeza. -Tal sucede en particular con las hipótesis por medio de las cuales no podemos llegar en nuestro conocimiento a una corteza apodíctica, sino que en todo caso, únicamente alcanzamos un grado mayor o menor de probabilidad.

Una hipótesis es *una creencia del juicio tocante a la verdad de un principio bajo el punto de vista, de lo suficiente de sus consecuencias*; o más brevemente, *la creencia de una suposición como principio*.

Toda creencia se funda sobre una hipótesis, en el sentido de que la suposición como principio, es suficiente para explicar por esto otros conocimientos como principios; porque en ella se concluye de la verdad de la consecuencia a la verdad del principio. Mas esta especie de conclusión no da un criterio suficiente de la verdad, y no puede conducir a una certeza apodíctica, sino en tanto que todas las consecuencias posibles de un principio admitido sean verdaderas: de donde se sigue que como no podemos jamás determinar todas las consecuencias posibles, las hipótesis quedan siempre como hipótesis; es decir, como suposiciones, a cuya plena certeza jamás podremos llegar. -Sin embargo, la verosimilitud de una hipótesis puede crecer y elevarse, y la fe que le prestamos llegar a ser análoga a la que damos a la certeza, cuando todas las consecuencias que se nos ofrezcan hasta el presente se puedan explicar por el principio supuesto; porque entonces no hay razón para que no admitamos que todas las demás consecuencias derivadas del mismo principio, pueden igualmente ser aplicadas. Entonces consideramos la hipótesis como más cierta, aunque no lo sea mas que por inducción.

Algunas cosas deben existir, sin embargo, como ciertas en la hipótesis y son:

1. *La posibilidad de la misma suposición.* Si, por ejemplo, para explicar los terremotos y los volcanes se admite un fuego central, esta especie de fuego debe ser posible, o para ello que no queme y destruya como un cuerpo inflamado.

Mas cuando a beneficio de ciertos otros fenómenos se quiera hacer de la tierra un animal en el cual la circulación de un líquido interior produce el calor, esta es una pura ficción y no una hipótesis; porque las realidades se imaginan, más no las posibilidades, estas deben ser ciertas.

2. *La consecuencia.* Las consecuencias deben derivar legítimamente del principio admitido; de otro modo la hipótesis no habrá producido más que una quimera.

3. *La unidad.* Una cosa esencial para una hipótesis, es que sea una y que no necesite de otras hipótesis auxiliares para poder sostenerse. Si una hipótesis no puede subsistir por sí misma; perderá por este hecho mucho de su probabilidad, porque cuanto más es una hipótesis fecunda en consecuencias, es tanto más probable, y recíprocamente. Así es que la hipótesis principal de Tico-Brahe no bastaba para explicar muchos fenómenos, lo que haría necesarios otras muchas hipótesis secundarias. Se podía ya presumir por esta, que la hipótesis adoptada no es un principio legítimo. Por el contrario, el sistema de Copérnico, es una hipótesis que explica todo lo que debe explicar: todos los fenómenos cósmicos que ante nosotros han aparecido hasta el presente. No tenemos necesidad de hipótesis subsidiarias.

Hay ciencias que no permiten ninguna hipótesis, como las matemáticas y la metafísica; pero en física son útiles e indispensables.

APÉNDICE

Llámase práctico un conocimiento en oposición a un conocimiento teórico y a un conocimiento *especulativo*. Los conocimientos prácticos son o:

1. *Imperativos*, en cuanto son opuestos a los conocimientos *teóricos*, o contienen:
2. *Las razones de un imperativo posible*, como puestas a los conocimientos *especulativos*.

Es *imperativa en general* toda proposición que expresa una acción libre posible, por la cual debe llegarse realmente a un fin determinado. Por consiguiente, todo conocimiento que contiene un imperativo, es un conocimiento práctico, y debe ser llamado de este modo en oposición al conocimiento *teórico*, porque los conocimientos *teóricos* son aquellos que exponen, no lo que debe ser, sino lo que es, y que por consiguiente no tiene por objeto el *hacer*, sino el *ser*, el existir.

Si consideramos, sin embargo, los conocimientos prácticos en oposición a los *especulativos*, pueden también ser *teóricos* en el sentido de que solamente los principios *imperativos pueden derivarse de ellos*. Considerados bajo este punto de vista, son prácticos en cuanto al valor (*in potentia*), u objetivamente. Entendemos por conocimientos especulativos aquellos de que no se puede sacar ninguna regla de conducta, o que no encierran principios para los imperativos posibles. Hay una porción de proposiciones puramente especulativas, en *teología,* por ejemplo. Estos conocimientos especulativos son siempre teóricos, pero no recíprocamente: todo conocimiento teórico no es por esto especulativo; pues considerado bajo este punto de vista, puede ser también práctico al mismo tiempo.

Todo conocimiento tiende, en último caso, a la práctica, y el valor práctico de nuestro conocimiento consiste en esta tendencia, de toda teoría y de toda especulación, en relación a su uso. Pero este valor no es más que un valor *incondicionado,* si el *fin* a que se relaciona, el uso práctico del conocimiento es a su vez incondicionado o absoluto. El único fin absoluto y último a que debe referirse en definitiva todo uso práctico de nuestro conocimiento, es la moralidad, que llamamos por esta razón, lo absolutamente práctico. Esta parte de la filosofía que tiene por objeto la moralidad, debería llamarse filosofía práctica, aunque cualquiera otra ciencia filosófica pueda también tener una parte práctica, es decir, contener, relativamente a las teorías establecidas, una instrucción para su uso práctico conveniente a la realización de ciertos fines.

PRIMERA PARTE : TEORÍA GENERAL ELEMENTAL

- I -DE LAS NOCIONES

NOCIÓN EN GENERAL; DIFERENCIA ENTRE LA NOCIÓN Y LA INTUICIÓN

Todo conocimiento, es decir, toda representación referida conscientemente a un objeto, es o *intuición* o *noción*. La intuición es una representación *singular* (*representatio singularis*) la noción es una representación *general* (*representatio per notas communes*), o *refleja* (*representatio discursiva*).

Conocer por nociones es *pensar* (*cognitio discursiva*).

Observaciones. 1. La noción es opuesta a la intuición porque aquella es una representación general o de lo que tienen de común muchos objetos, por consiguiente una idea susceptible de ser *contenida en muchas cosas diferentes*.

2. Hablar de nociones generales o comunes es caer en una pura tautología: esta falta tiene su razón de ser en una división viciosa de las nociones, en *universales, particulares y singulares*. No son las nociones en sí mismas las que pueden dividirse de esta suerte, sino el uso que de ellas se hace.

2. *Materia y forma de las nociones.* En toda noción es necesario distinguir la *materia* y la *forma*. La materia de las nociones es el *objeto; su* forma, la *generalidad*.

3. *Noción empírica y noción pura.* La noción puede ser o *empírica* o *pura*. Es noción pura la que no ha sido tomada de la experiencia, sino que proviene también del entendimiento *en cuanto a la materia*.

La idea (propiamente dicha), es una noción racional cuyo objeto no puede hallarse en la experiencia.

Observaciones. 1. La noción empírica procede de los sentidos por la comparación de los objetos de la experiencia, y no recibe del entendimiento nada más que la forma de la generalidad. La realidad de esta noción se funda en la experiencia real, de donde la noción procede en cuanto a la materia o contenido. A la metafísica es a la que corresponde investigar si hay *nociones intelectuales puras (conceptus puri)*, que en tal cualidad, no proceden del entendimiento, sin la intervención de la experiencia.

2. Las nociones racionales o ideas (propiamente dichas), no pueden absolutamente conducir a objetos reales, porque todos los objetos de esta especie deben ser contenidos en una experiencia posible. Pero sirven para guiar el entendimiento por medio de la razón relativamente a la experiencia y al uso más completo posible de las reglas racionales; y además para mostrar que todas las cosas posibles no son objeto de la experiencia, y que los principios de la posibilidad de dichos objetos no son aplicables a las cosas en sí mismas, ni aun a los objetos de la experiencia considerados como cosas en sí mismas.

La idea contiene el prototipo del uso del entendimiento; por ejemplo, la idea del universo (el todo cósmico), idea que debe ser necesaria, no como principio *constitutivo* por el uso empírico del entendimiento, sino solo como principio *regulador* para obtener la conformidad universal del uso empírico del entendimiento. Debe ser considerada como una noción fundamental necesaria, sea para *completar objetivamente* las operaciones intelectuales de la subordinación (de las nociones), sea para considerarlas como ilimitada. La idea no se obtiene tampoco *por composición*; porque el todo es aquí antes que la parte. Hay, sin embargo, Ideas susceptibles de cierta aproximación: tales son, por ejemplo, las ideas *matemáticas* o ideas de la *generación matemática de un todo*, que se distinguen esencialmente de las ideas dinámicas. Diferéncianse estas enteramente de todas las nociones concretas, por la especie y no por la *cuantidad* (como en las nociones matemáticas).

A ninguna idea teórica puede atribuirse una realidad objetiva o probar esta realidad, a no ser a la idea de libertad. La razón de esto es, porque la libertad es una condición de la ley moral, cuya realidad es un axioma. La realidad de la idea de Dios no puede demostrarse sino con la de la ley moral, y por consiguiente bajo su relación práctica; es decir, *que es necesario obrar en la suposición de la existencia de un Dios*. Esta realidad no puede ser demostrada sino de esta manera.

En todas las ciencias, y principalmente en las ciencias racionales, se halla la idea de la ciencia, la idea de un *bosquejo* o *plan* general y, por consiguiente, la circunscripción de todos los conocimientos que forman parte de ella. La idea del todo, -que es la primera cosa que debe tenerse presente en una ciencia, y que es necesario indagar, -es la *arquitectónica* de la ciencia, como por ejemplo, la idea de la ciencia del derecho.

La mayor parte de los hombres carecen de la idea de la humanidad, de la de una forma de gobierno perfecta, de la de una vida feliz, etc. Muchos de ellos no tienen idea alguna de aquello a que aspiran, y se conducen por instinto o por autoridad.

4. *Nociones dadas (a priori o a posteriori) y nociones formadas.* Todas las nociones son, *en cuanto a la materia, o dadas* (*conceptus dati*) o formadas (*conceptus facticitii*). Las primeras son dadas *a priori* o *a posteriori.*

Todas las nociones dadas empíricamente o *a posteriori* se llaman nociones de *experiencia; las* dadas *a priori* se llaman (propiamente) *nociones* (*notiones*).

Observaciones. La forma de una noción en cuanto a la representación discursiva, es siempre formada o facticia.

5. *Origen lógico de las nociones.* El origen lógico de las nociones, en cuanto a la simple forma, se funda en la reflexión y en la abstracción de la diferencia de las cosas indicadas por una cierta representación. De aquí la cuestión de saber cuáles son las operaciones del entendimiento que forman una noción, o lo que es lo mismo, cuáles son las operaciones del entendimiento que se exigen para la producción de una noción con ayuda de representaciones dadas.

Observaciones. 1. La lógica general, haciendo abstracción de toda materia del conocimiento por nociones, o del pensamiento, no puede considerar la noción sino en relación a su forma, es decir, solo bajo el punto de vista *subjetivo.* Tampoco considera cómo una noción determina un objeto por un carácter o signo (*Merkmal, nota*), sino solamente el modo cómo este carácter puedo referirse a muchos objetos. La lógica general, no tiene que distinguir la fuente de las nociones, ni manifestar de qué manera nacen éstas como representaciones, sino solo el modo como estas representaciones dadas se convierten en nociones en el acto del pensamiento. Estas nociones pueden, por lo demás, contener alguna cosa que proceda de las experiencias, o imaginada, o sacada de la naturaleza del entendimiento. Este origen lógico de las nociones, -origen en cuanto a la simple forma, -consiste en la reflexión mediante la cual una representación viene a ser común a muchos objetos (*conceptus communis*), como forma indispensable al juicio. En lógica no se considera otra cosa que la diferencia de la reflexión por lo que toca a las nociones.

2. La metafísica trata del origen de las nociones relativamente a su *materia*, según la cual puede ser la noción, *empírica, arbitraria* o *intelectual.*

6. *Acto logic de la comparación, de la reflexión y de la abstracción.* Los actos lógicos: del entendimiento, por los cuales se producen las nociones en cuanto a su forma, son:

1. La *comparación*, es decir, la aproximación, por medio del pensamiento, de las representaciones con relación a la unidad de conciencia;

2. La *reflexión*, es decir, la atención al modo como diferentes representaciones pueden ser comprendidas en una conciencia única; en fin.

3. La *abstracción* o la separación de todo aquello en que se distinguen las representaciones dadas.

Observaciones. 1. Para que las representaciones puedan pasar al estado de nociones, es necesario poder *comparar, reflejar y abstraer;* porque estas tres operaciones lógicas del entendimiento, son las condiciones esenciales y generales de la producción de toda noción. Veo, por ejemplo, un pino, un sauce y un tilo; comparando primero estos diferentes objetos entre sí, observo que se diferencian los unos de los otros en relación al tronco, a las ramas, a las hojas, etc.; pero si no fijo enseguida la atención más que en lo que tienen de común, el tronco, las ramas, y hasta las hojas, y hago abstracción de su tamaño, de su figura, etc., formo entonces la noción de árbol.

2. No siempre se emplea convenientemente en lógica la palabra *abstracción* no debería decirse abstraer *alguna cosa* (*ubstrahere aliquid*), sino abstraer *de alguna cosa* (*abstrahere ab aliquo*).

Si por ejemplo, en un paño de color escarlata, solo pongo atención en el color rojo, hago abstracción del paño; si además hago abstracción del paño como tal, y no pienso en el color, sino como una porción de materia, entonces hago abstracción de mayor número de determinaciones, y mi noción viene a ser de este modo aun más abstracta, porque cuanto más caracteres distintivos de una cosa se omiten en una noción, en otros términos, cuanto mayor es el número de determinaciones abstraídas, más abstracta es la noción. Deberían, llamarse propiamente *abstractivas* (*conceptus abstrahentes*), las nociones abstractas, cuanto mayor o menor número de abstracciones se han verificado en estas nociones, las cuales no son otra cosa que lo que resta después que estas abstracciones se han verificado. Así es, por ejemplo, como la noción *de cuerpos* no es propiamente una noción abstracta: si no pudiese, por el contrario, hacer abstracciones en ellos, no tendría la noción de otro modo que sin estas nociones, que de ellos abstraigo; y sin embargo, puedo en ellos hacer abstracción del volumen, del color, de la solidez o de la fluidez, en una palabra, de todas las determinaciones especiales de los diferentes cuerpos, (aunque estos no existen sin estas determinaciones). La noción *más abstracta* es aquella que no tiene nada de común con ninguna otra. Esta noción es la de *cosa*: lo que no es ella es *nada*; no tiene nada de común con lo que quiera que esto sea.

3. La abstracción no es más que la condición *negativa* bajo la cual pueden producirse ideas universales válidas: las condiciones positivas son la reflexión y la comparación; porque no hay en ellas nada que sea fruto de la abstracción; la abstracción no hace más que acabarlas y encerrarlas en sus límites determinados.

7. *Materias y circunscripciones de las nociones.* Toda noción, considerada como *parcial*, está contenida en la representación de las cosas; como *fundamento del conocimiento,* es decir, como *signo elemental,* están en ellas contenidas estas cosas. Bajo el primer aspecto, toda noción tiene un contenido, una materia; bajo el segundo una circunscripción[1].

La materia y la circunscripción de las nociones están entre sí, en razón inversa: cuanto más cosas abraza *bajo de sí,* menos encierra *en sí,* y recíprocamente.

Observación. Como se dice de un *principio* en general, que hay en él *consecuencia,* puede decirse también de una noción, como fundamento o principio del conocimiento, que abraza todas las cosas de que ha sido abstraída o sacada. Por ejemplo, la noción de metal, contiene las de oro plata, cobre, etc. Porque si toda noción, como representación universalmente válida, contiene lo común a muchas representaciones de cosas diferentes, todas estas, en cuanto están contenidas bajo de ella, son representadas por ella. Y en esto consiste la *utilidad* de una noción. Cuanto mayor es el número de cosas representadas por una noción, mayor es también su esfera. Así es como la noción de *cuerpo* tiene una extensión mayor que la de *metal*.

9. *Nociones superiores e inferiores.* Llámanse *superiores* (conceptus superiores), a aquellas nociones que contienen bajo de sí, otras que, con relación a las precedentes, se las denomina *inferiores*. Un carácter de carácter, -un carácter *lejano*, -es una noción superior, la noción relacionada con un carácter lejano, es una noción inferior.

Observación. No siendo las nociones superiores o inferiores sino *relativamente* (*respective*) puede una misma noción ser a la vez, superior inferior, siempre que se la considere bajo diferentes relaciones. Así es, por ejemplo, como la noción de *hombre* es superior en relación a la noción de *caballero*, e inferior en relación a la noción de *animal*.

10. *Genero y especie.* La noción superior sa llama género (*genus*) en relación a la que le es inferior. Esta, en relación a la superior, se llama especie (*species*)

Las nociones de género y de especie, lo mismo que las nociones superiores e inferiores, no se distinguen unas de otras en la subordinación lógica por su naturaleza, sino solo por su relación respectiva (*termini a quo vel ad quod*).

11. *Género supremo. Última especie.* Género *supremo* es aquel que no puede ser especie bajo ninguna relación (*Genus summum non est species*), así como última especie, es aquella que no puede ser género bajo ningún aspecto *species* (*quoe non est genus, est infimma*).

Por consecuencia de la ley de continuidad, no puede haber especie *última*, ni especie *más próxima*.

Observación. Cuando concebimos una serie de muchas nociones subordinadas entre sí, por ejemplo, las del hierro, metal, cuerpo, sustancia y cosa, podemos obtener siempre géneros superiores; porque cada especie puede considerarse como género con relación a su noción inferior, por ejemplo, la noción de *sabio* con relación a la de *filósofo*, hasta que, por último, llegamos a un género que no puede ser especie a su vez. Y debe sernos posible llegar en definitiva a este género, porque debe haber, al fin, una noción suprema (*conceptus summus*) del que nada pueda abstraerse, a no hacer que desaparezca la noción total. Pero no hay noción última o más baja posible (*conceptus infimus*) o especie última bajo la cual no puede contenerse otra, porqué tal noción es imposible determinar. Pues aunque tengamos una noción que apliquemos inmediatamente a los individuos, puede haber, sin embargo, respecto a ésta noción, diferencias específicas que no hayamos notado o tenido en cuenta. No hay noción última sino *comparativamente y para el uso*, que solo tienen por consiguiente valor convencional, por decirlo así, o porque se ha acordado no descender más.

La ley general siguiente solo sirve, por tanto, para la determinación de las nociones de especie y de género: *hay un género que no puede ser especie; pero no hay especie que no deba ser género.*

12. *Nociones más extensa y noción menos extensa. Nociones recíprocas.* La noción superior suele llamarse también *más extensa;* la inferior, *menos extensa.* Llámanse *recíprocas* (*conceptus reciproci*) las nociones que tienen esferas idénticas.

13. *Relación de la noción superior con la inferior, de la más extensa con la menos extensa.* La noción inferior no está contenida en la superior: porque contiene en sí *más* que esta; pero le está, sin embargo, subordinada, porque la superior contiene el fundamento del conocimiento de la inferior.

14. *Reglas generales concernientes a la subordinación de las nociones.* La extensión lógica de las nociones está sujeta las siguientes reglas generales:

1. Lo que conviene o repugna a las nociones superiores, conviene o repugna también a las inferiores que les están subordinadas.
2. Recíprocamente: lo que conviene o repugna *a todas* las nociones inferiores, conviene o repugna también a su noción superior.

Observación: Aquello en que convienen las cosas, procede de sus propiedades *generales, y* aquello en que difieren entre sí, se funda en sus propiedades *particulares.* No puede, pues, concluirse que aquello que conviene o repugna a una noción inferior, conviene o repugna también a otras nociones inferiores que pertenecen como ella, a una noción más elevada. No puede, pues, concluirse, por ejemplo, que lo que no conviene al hombre, no puede convenir a los ángeles.

15. *Condición para la formación de las nociones superiores e inferiores; abstracción y determinación lógicas.* La abstracción lógica

continuada, da siempre origen a nociones superiores; por el contrario, la determinación lógica continuada produce siempre nociones inferiores. La mayor abstracción posible de la noción más elevada o más abstracta, es aquella de que no puede abstraerse ninguna determinación. La determinación suprema daría una noción *universalmente determinada* (*conceptum omnimodo determinatum*), es decir, una noción que no sería susceptible de ninguna determinación ulterior.

Observaciones. Como solo las cosas singulares o los individuos son universalmente determinados, solo puede haber conocimientos universalmente determinados como *intuiciones*, pero no como nociones: la determinación lógica no puede considerarse como perfecta respecto a las nociones (11. obs.).

16. *Uso de las nociones in abstracto et in concreto.* Toda noción puede emplearse *general y particularmente* (*in abstracto et in concreto*). Empléase *in abstracto* la noción inferior en relación a su correspondiente noción superior (puesto que es considerada como abstracta): así es como la noción de caballo en su sentido propio, no encierra la de animal. Empléase *in concreto* la noción superior en relación a su correspondiente noción inferior (puesto que la contiene): por esto la noción de animal encierra en sí también la de caballo.

Observaciones. 1. Las expresiones *abstracto y concreto* se refieren menos a las nociones en sí mismas -porque toda noción es abstracta - que a su *uso*[2]. Y este uso puede tener también diferentes grados, según que se trate de una noción de una manera más o menos abstracta o concreta; es decir, según que se separe de ella o se le agregue mayor o menor número de determinaciones.

Por el uso abstracto se aproxima una noción cada vez más al género supremo; y por el uso concreto, se aproxima cada vez más al individuo.

2. Cuál de estos dos usos es preferible? Nada puede decidirse sobre esto: el valor del uno no es menor que el del otro. Por nociones muy abstractas conocemos *poco* en *muchas cosas*; por nociones muy concretas conocemos *mucho* en un *corto número* de objetos: de tal modo, que ganamos por un lado lo que perdemos por otro. Una noción que tiene una esfera muy extensa, es, en esta cualidad, de un uso tan externo que se la pueden aplicar un gran número de cosas; pero por la misma razón contiene en sí muchos menos elementos. Así es, por ejemplo, como en la noción de sustancia no pienso tantas nociones elementales, como en la noción de *creada*.

3. *El arte de la popularidad* consiste en hallar la relación entre la idea *in abstracto* y la idea *in concreto,* en el mismo conocimiento, y por consiguiente, entre las nociones y su exposición; en esto consiste el máximo del conocimiento en relación a la extensión y a la comprensión.

---

1. A esto es a lo que no llama comprensión y extensión de las ideas. (N. d. T.)
2. Ha hecho ver esto más claramente Kant en su respuesta a Eberhad (*Ueber síne Enideckung, etc*), 2.ª edic., p. 26, nota.

- II - DE LOS JUICIOS

17. *Definición del juicio en general.* Un juicio es la idea de la unidad de conciencia de diferentes ideas, o la idea de su relación en cuanto compone una noción.

18.- *Materia y forma de los juicios.* Los elementos esenciales de todo juicio son la *materia* y la *forma.* La *materia* consiste en conocimientos dados y enlazados en un juicio por la unidad de conciencia. La forma consiste, por el contrario, en la determinación del modo como las diferentes ideas, consideradas como tal, pertenecen a una conciencia única.

19. *Objeto de la reflexión lógica, forma sencilla de los juicios.* Haciendo la lógica abstracción de toda diferencia real u objetiva del conocimiento, no puede ocuparse de la materia de los juicios ni del contenido de las nociones. No debe, pues, considerar más que la diferencia de los juicios en cuanto a su forma simple.

20 *Formas idílicas de los juicios: cuantidad, cualidad, relación y modalidad.* La diferencia de los juicios en cuanto a su forma, es de cuatro especies: la *cuantidad,* la *cualidad,* la *relación* y la *modalidad;* lo cual da precisamente otras tantas clases de juicios.

21. *Cuantidad de los juicios universales, particulares y singulares.* En cuanto a su cuantidad pueden ser los juicios *universales, particulares* o *singulares,* según que el sujeto, en el juicio

esté *total* o *parcialmente contenido* en la noción del predicado, o que está *entera* o *parcialmente* excluido de ella. En un juicio *universal*, la esfera de una noción está totalmente comprendida en la de otra; en un juicio *particular*, una parte de la noción está comprendida en la esfera de la otra; y por último, en el juicio singular, una noción, que no tiene esfera, está por consiguiente sostenida de un modo simple como parte en la esfera de otra.

Observaciones. 1. Los juicios singulares deben apreciarse en el uso, en cuanto a su forma lógica, del mismo modo que los universales: porque, en unos y otros, el predicado se dice del sujeto sin excepción. Por ejemplo, en la proposición singular *Cayo es mortal*, no puede haber excepción alguna, como tampoco la puede haber en la proposición universal: *todos los hombres son mortales*; porque no hay más que un Cayo.

2. Con relación a la universalidad de un conocimiento, hay una diferencia real entre las proposiciones *generales* y las *universales*; pero esta diferencia no concierne a la lógica.

Proposiciones generales son aquellas que contienen simplemente algo de lo universal que hay en ciertos objetos. Y que no tienen por consiguiente las condiciones suficientes de la subsumpción, por ejemplo en la proposición: *se deben dar las pruebas fundamentales*. Proposiciones universales son aquellas que afirman universalmente alguna cosa.[1]

3. Las reglas universales pueden serlo *analítica* o *sintéticamente*: las primeras hacen abstracción de las diferencias; las segundas, por el contrario, las toman en cuenta, y por consiguiente se determinan bajo este aspecto. Cuanto más simplemente se concibe un objeto, más cerca está la universalidad analítica de una noción posible.

4. Cuando las proposiciones universales no pueden ser consideradas en su universalidad sin ser conocidas *in concreto*, no pueden servir de regla, ni por consiguiente valer *heurísticamente* en la aplicación: no son otra cosa que problemas que sirven para la investigación de los principios universales, de lo ya conocido en casos particulares. Por ejemplo, la proposición: el que no tiene interés en engañar y sabe la verdad, la dice, no puede considerarse en su universalidad, porque no conocemos el límite de la condición del desinterés, sino por experiencia, a saber, que los hombres puedan engañar por interés, a causa de la poca firmeza en sus convicciones morales. Solo la observación es la que nos enseña a conocer las debilidades de la naturaleza humana[2].

5. Respecto a los juicios particulares es necesario observar, -sobre todo cuando han de ser considerados por la razón, y tienen por consiguiente una forma racional, no una forma intelectual (abstracta), -que el sujeto debe ser en este caso una noción más extensa que el predicado (*conceptus latior*)[3].

Sea

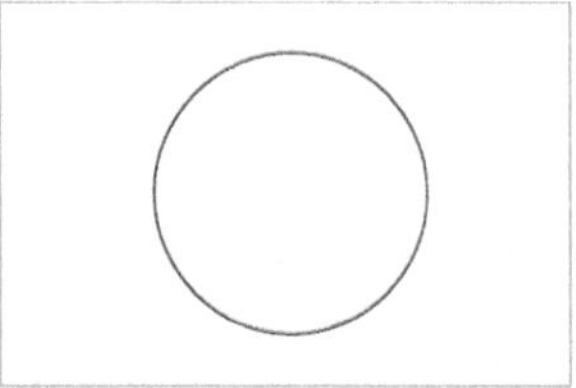

el predicado

y el sujeto la figura siguiente:

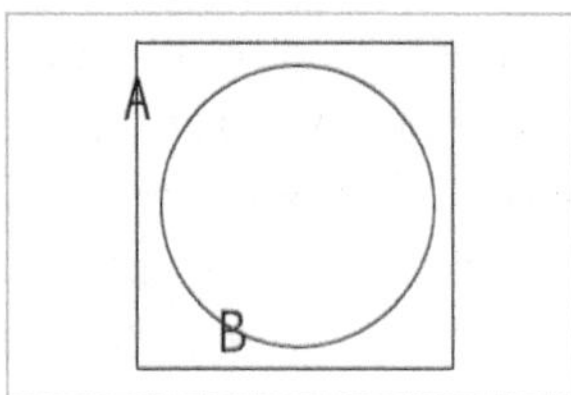

representa en este caso un juicio particular: porque algo de lo que pertenece a A es B, y algo de la misma A, es no B; lo cual es una consecuencia racional; pero sea la figura

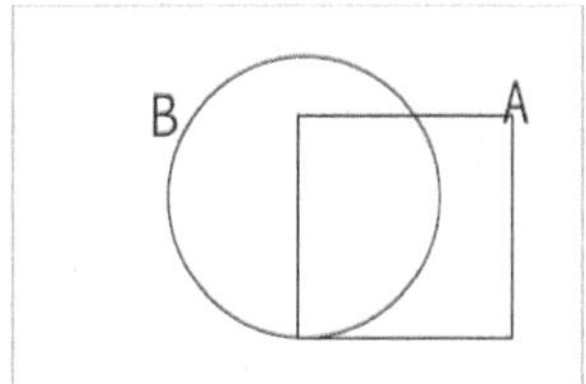

en este caso todo A por lo menos, puede estar contenido en B si es menor que B, pero no si es mayor: no es por tanto particular sino fortuitamente.

22. *Cualidad de los juicios: afirmativos, negativos, e indefinidos* (limitativos). *En cuanto a la cualidad, pueden ser los juicios, afirmativos, negativos o limitativos,* es decir, indirectamente afirmativos. Por ejemplo el alma es inmortal, el vicio, no es laudable, el alma, es no mortal.

En los juicios *afirmativos,* el sujeto está comprendido en la esfera del predicado; en los *negativos,* el sujeto está fuera de la esfera del predicado, y en los *limitativos,* el sujeto está colocado en la esfera de una noción, que está fuera de la esfera de otra noción.

Observaciones. 1. El juicio limitativo no solo indica que un sujeto no está contenido en la esfera de un predicado, sino que está fuera de la esfera de éste, y en otra esfera indefinida. Por consiguiente, esta clase de juicios representan la esfera del predicado, *como limitada.*

Todo lo posible es o A, o no A. Si yo digo que una cosa no es A, por ejemplo, que el alma humana es o no mortal, que algunos hombres son no sabios, etc., estos juicios son limitativos o indefinidos; porque yo no determino de este modo a qué noción pertenece el objeto fuera de la esfera finita de A, sino solamente que está en una esfera extraña a la de A; lo cual no es propiamente una esfera determinada, sino solo la *contigüidad de una esfera indefinida, o la limitación misma.* Aunque la exclusión sea una negación, la limitación de una noción es, sin embargo, una acción positiva. Las ideas positivas de objetos limitados, son por consiguiente límites.

2. Según el principio de exclusión de todo tercero (*exclusi tertii*), la esfera de una noción relativamente o la excluye o la comprende. Ahora bien, como la lógica se ocupa sólo de la forma del juicio, no de las nociones en cuanto a su contenido, la distinción entre los juicios limitativos, y los negativos, no pertenece a esta ciencia.

3. En los juicios negativos, la negación afecta siempre a la *cópula;*

en los limitativos solo afecta al predicado. En latín se ve esto muy claramente: por ejemplo (*anima non est mortalis, -anina est non-mortalis*).

23. *Relación de los juicios: categóricos, hipotéticos y disyuntivos.* En cuanto a la relación los juicios pueden ser; categóricos, hipotéticos, o disyuntivos, según que uno de los términos del juicio esté subordinado al otro, como el *predicado* lo está al *sujeto*, como la *consecuencia* lo está a su *principio*, o como los *miembros de la división* lo están a la *noción dividida* En la primera relación, el juicio es *categórico*; en la segunda *hipotético*, y en la tercera *disyuntivo*. Ejemplos: Cayo es sabio; Cayo es virtuoso, no es embustero; -Cayo o está enfermo o no lo está.

24. *Juicios categóricos.* El sujeto y el atributo forman la materia de un juicio categórico. La forma que se establece expresa la relación (de conformidad o desconformidad entre el sujeto y el atributo, se llama *cópula*.

Observación. Los juicios categóricos, forman la sustancia de los demás juicios; pero no debemos creer, como la mayor parte de los lógicos, que los juicios hipotéticos y los disyuntivos, no son más que especies de juicios categóricos, y que pueden reducirse a ellos. Estas tres especies de juicios se fundan en funciones lógicas del entendimiento que son esencialmente diferentes, y por consiguiente deben ser consideradas en cuanto a su diferencia específica.

25. *Juicios hipotéticos.* La materia de los juicios hipotéticos resulta de dos juicios que son entre sí como principio y consecuencia. El que contiene el principio se llama *antecedente* (*antecedeus, hypottaesis conditio, prius*); y el otro, el que está subordinado al primero, es el *consiguiente* (*consequens thesis conditionatum, posterius*); y la idea de esta especie de lazo entre dos juicios para formar la unidad de conciencia se llama *consecuencia*. Esta es la que constituye la *forma* de los juicios hipotéticos.

Observaciones. 1. La consecuencia es por tanto a los juicios hipotéticos como la cópula a los categóricos.

2. No puede convertirse un juicio hipotético en un juicio categórico; porque se diferencian esencialmente uno de otro. En los juicios categóricos nada es problemático; por el contrario, todo es en ellos asertórico. No sucede lo mismo en los juicios hipotéticos: solo la consecuencia es asertórica. Puedo, por tanto, en estos últimos, unir entre sí los juicios falsos (y deducir de ellos un juicio verdadero)

porque solo se trata aquí de la legitimidad de este lazo, de la *forma de la consecuencia;* en esto consiste la verdad lógica de esta clase de juicios. Hay una diferencia esencial entre estas dos proposiciones. Todos los cuerpos son divisibles... Si todos los cuerpos son compuestos, todos los cuerpos son divisibles. En la primera afirmo sin condición; en la segunda, afirmo bajo una condición expresada problemáticamente.

26. *Modos de unión o enlace en los juicios hipotéticos:* (*modus ponens y modus tollens*). La forma del enlace en los juicios hipotéticos es de dos especies: una positiva, o mejor dicho *afirmativa* (*modus ponens*), y la otra *negativa* (*modus tollens*). Enúnciase del modo siguiente: 1. *Posito antecedente, ponitur consequens,* 2. *Sublate consequente, aufertur antecedens.* En otros términos: si el antecedente es verdadero, también lo es el consiguiente (*modus ponens*): si el consiguiente es falso, lo es asimismo el antecedente (*modus tollens*).

27. *Juicios disyuntivos.* Es *disyuntivo* un juicio cuando la parte de la esfera de una noción dada se determinan mutuamente en el todo o se sirven de un complemento mutuo para formar un todo.

28. *Materia y forma de los juicios disyuntivos.* Los juicios que sirven para formar el juicio disyuntivo, son la *materia* de este, y se llaman miembros de la disyunción o de la oposición.

Consiste la *forma* de este juicio en la disyunción misma, es decir, en la determinación de la relación de diferentes juicios que se excluyen mutuamente y constituyen en su conjunto la totalidad de los miembros de la esfera completa de un conocimiento dividido.

Observación. Todos los juicios disyuntivos contienen, por consiguiente, diferentes juicios que forman en *común* una esfera de nociones y no producen cada uno de estos juicios sino mediante la limitación de otro, relativamente a toda la esfera. Determinan, pues, la relación de cada juicio con toda la esfera, y al mismo tiempo, por consiguiente, la relación respectiva de estos diferentes miembros de la división (*membra disyuntiva*). Un miembro no determina a otro sino en cuanto están contenidos juntamente como partes de una esfera completa de conocimiento, *fuera de la cual nada puede concebirse en cierta relación.*

29. *Carácter propio de los juicios disyuntivos.* El carácter propio de los juicios disyuntivos, y que sirve para distinguirles, en cuanto a la relación de todos los demás juicios, particularmente de los categóricos, consiste en que los miembros de la disyunción son todos juicios

problemáticos en los que no puede concebirse otra cosa, a no ser que, como partes de la esfera de un conocimiento problemático, formen todos juntos esta esfera, y cada uno de ello es el complemento de los demás en la formación del todo, (*complementum ad totum*). De donde se sigue que debe la verdad estar contenida en uno de estos juicios problemáticos; o lo que es lo mismo, que uno de ellos debe ser *asertórico,* porque la esfera del conocimiento no contiene nada que esté fuera de ellos bajo las condiciones dadas, y que son opuestos unos a otros. No puede, pues, haber fuera de ellos ningún otro juicio verdadero, *ni entre ellos* puede haber mas de uno que tenga este mismo carácter de verdad.

Observaciones generales

1.Un juicio categórico, la cosa cuya idea es considerada como una parte de la esfera de otra idea subordinada, es considerada como contenida bajo esta noción superior, por consiguiente, la parte de la parte se compara aquí al todo en la subordinación de las esferas.

Pero en los juicios disyuntivos, se va del todo a todas las partes tomadas en conjunto. Lo que está contenido en la esfera de una noción superior, lo está asimismo en una parte de esta esfera. Si se dice, por ejemplo: un sabio lo es o histórica o racionalmente, se afirma en este caso que estas dos últimas nociones son las partes de la esfera de la noción de sabio, pero que no forman parte una de otra, y cada una es completa en su especie (aunque solo sea una parte de la esfera total de la noción superior).

2. Para que un juicio disyuntivo sea verdadero, no debe haber en él otras alternativas posibles que las expresadas. No podría decirse, por ejemplo: Cayo es, o blanco, o amarillo, o cobrizo. La lógica general pura, solo admite juicios disyuntivos de dos partes o dicotómicos.

3. Las alternativas de los juicios disyuntivos deben ser coordenadas y no subordinadas, porque sólo aquellas se excluyen, pero no estas. Así no puede decirse, por ejemplo: Cayo o es un sabio o es un teólogo.

4. En los juicios disyuntivos no se considera la esfera de la noción dividida, como contenida en la esfera de las divisiones, sino que lo que está contenido bajo la noción dividida, debe considerarse como contenido bajo uno de los miembros de la división.

Puede esto hacerse sensible por la siguiente figura de la comparación de juicios categóricos y disyuntivos.

En los juicios categóricos, X, -contenida en B, está también contenida en A:

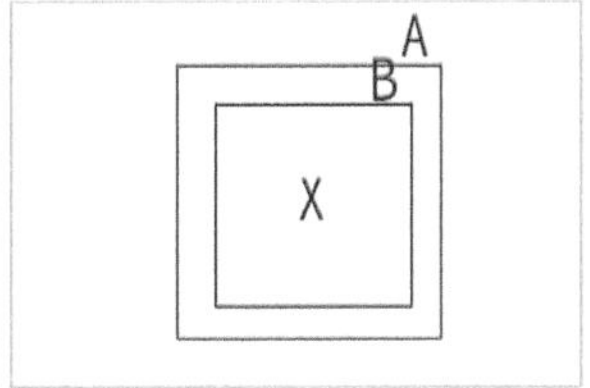

En los juicios disyuntivos, X, lo contenido en A, está también contenido en B, C, etc.

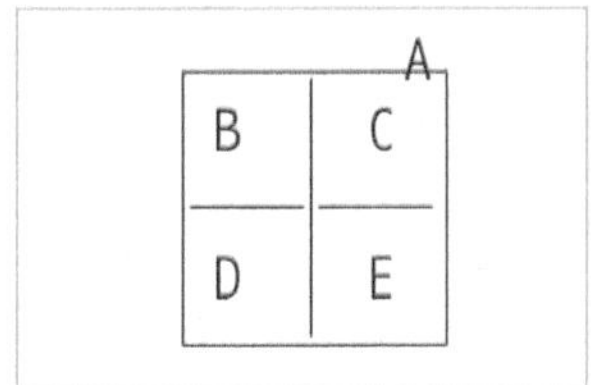

La división manifiesta, en los juicios disyuntivos, la coordinación, no de las partes de la noción total, sino de todas las partes de una esfera. Lo cual es diferente, porque en este último caso pienso *muchas cosas* en una sola noción, mientras que en el primero no pienso más que *una sola cosa* mediante *muchas nociones*, por ejemplo, el definido por todos los signos de la coordinación (que sirven para definir).

30. *Modalidad de los juicios: problemáticos, asertóricos y apodícticos.* En cuanto a la modalidad, punto de vista bajo el que se determina la relación de todo juicio con la facultad de conocer, se dividen los juicios en problemáticos, asertóricos y apodícticos. Son problemáticos, si la relación del atributo con el sujeto se concibe como simplemente posible; asertóricos, si la relación es concebida como existente; por último, son apodícticos, si la relación se concibe como necesaria.

Observaciones. 1. La modalidad expresa solo la manera como se afirma o niega alguna cosa eu un juicio; como en los ejemplos siguientes: El alma humana puede ser inmortal; -el alma humana es inmortal; -el alma humana debe ser inmortal.

El primero de estos juicios es problemático; el segundo asertórico, el tercero apodíctico. Esta determinación de la simple posibilidad, de la realidad o de la necesidad de la verdad de un juicio, no mira más que al juicio mismo, pero de ninguna manera a la cosa sobre que recae.

2. En los juicios problemáticos, es decir, en los que la relación del predicado con el atributo no es más que posible, debe siempre tener el sujeto una esfera más pequeña que la del predicado.

3. La distinción entre el juicio problemático y el asertórico es la base de la verdadera diferencia entre los *juicios* y las *proposiciones,* diferencia que se ha hecho consistir sin razón en la simple expresión por medio de palabras sin las que jamás podría juzgarse. En el juicio se refiere la relación entre muchas ideas a la unidad de conciencia simplemente como problemática: en una proposición se la concibe por el contrario asertóricamente: una proposición problemática es una contradicción *in adjecto.* Antes de formar una proposición tengo necesidad de juzgar, y juzgo una porción de cosas que no decido; pero es necesario que decida, y entonces un juicio se determina como proposición. Por lo demás, antes de aceptar el juicio como asertórico, debemos juzgar problemáticamente a fin de examinarlo, mejor. No siempre es necesario tampoco para nuestro objeto obtener juicios asertóricos.

31. *De los juicios exponibles.* Los juicios que contienen a un mismo tiempo una negación y una afirmación, pero de tal modo que la afirmación aparezca claramente y la negación de una manera oscura, son proposiciones exponibles.

Observación. En el juicio exponible, por ejemplo, en éste: Pocos hombres son sabios, hay ante todo un primer juicio negativo disimulado: Muchos hombres no son sabios; y además un juicio afirmativo: Algunos hombres son sabios. Como la naturaleza de las proposiciones exponibles depende únicamente de las condiciones del lenguaje, según las cuales pueden expresarse de una vez dos juicios, debemos observar que puede haber en nuestra lengua juicios que sean exponibles no lógica, sino gramaticalmente.

32. *Proposiciones teóricas y prácticas.* Llámanse proposiciones teóricas las que se refieren a un objeto y determinan lo que le conviene o no le conviene.

Las proposiciones prácticas, por el contrario, son aquellas que anuncian la acción por la cual es posible un objeto, como siendo su condición necesaria.

Observación. La lógica solo debe tratar de las proposiciones prácticas en relación a su *forma,* en cuanto son expuestas en proposiciones *teóricas.* Las proposiciones prácticas, en cuanto a su *contenido,* y en cuanto se distinguen de las proposiciones *especulativas,* corresponden a la moral.

33. *Proposiciones indemostrables y demostrables.* Llámanse proposiciones *demostrables* aquellas que pueden ser probadas, e *indemostrables* las que no pueden serlo.

Los juicios inmediatamente ciertos son indemostrables, y deben, por consiguiente, ser considerados como *proposiciones elementales.*

34. *Principios.* Los juicios *a priori* pueden llamarse principios, en cuanto sirven para demostrar otros juicios, y no están subordinados a ningún otro. Por esta razón se los denomina *principios* (comienzos).

35. *Principios intuitivos y discursivos.* Los principios pueden ser *intuitivos* o *discursivos.* Los primeros pueden ser expuestos como intuiciones, y se denominan *axiomas (axiomata);* los segundos solo se expresan por medio de nociones y pueden ser denominados *acroamas (acroamata).*

36. *Proposiciones analíticas y sintéticas.* Son proposiciones *analíticas* aquellas cuya certeza se funda en la *identidad* de las nociones (del predicado con la noción del sujeto). Las proposiciones cuya verdad no está fundada en la identidad de las nociones, pueden llamarse *sintéticas.*

Observaciones. 1. Ejemplo de una proposición *analítica*: todo x a quien conviene la noción de cuerpo (a b), es también susceptible de extensión (b). Ejemplo de una proposición *sintética*: todo x, al cual conviene la noción del cuerpo (a b), es susceptible de *atracción.* *Las* proposiciones sintéticas aumentan el conocimiento *materialiter*; las proposiciones analíticas lo aumentan solo *formaliter.* Las primeras contienen determinaciones; las segundas, solo predicados lógicos.

2. Los principios analíticos no son axiomas porque son discursivos; y los sintéticos lo son únicamente cuando son intuitivos.

37. *Proposiciones tautológicas.* La identidad de las nociones en los juicios analíticos puede ser explícita o implícita. En el primer caso, las proposiciones son tautológicas.

Observaciones. 1. Las proposiciones tautológicas están *virtual-*

mente vacías o no tienen *consecuencias,* porque no son útiles ni aplicables. Tal es, por ejemplo, la proposición siguiente: El hombre es hombre: si solo se dice del hombre que es hombre, nada afirmo de él.

Por el contrario, las proposiciones *implícitamente* idénticas no son vanas o sin consecuencias, porque desarrollan, mediante una *explicación,* el predicado, que estaba implícitamente comprendido en la noción del sujeto.

2. Las proposiciones sin consecuencias no deben confundirse con las *vacías de sentido,* que nada ofrecen al entendimiento, porque solo versan sobre la determinación de *cualidades ocultas.*

38 *Postulados y problemas. Postulado* en una proposición práctica inmediatamente cierta o un principio que determina una acción posible, en la que se supone que el modo de ejecutarlo es, inmediatamente cierto.

Problemas son unas proposiciones demostrables, o que, como tales, expresan una acción cuya manera de ejecutarla no es inmediatamente cierta.

Observaciones. 1. Puede haber también postulados *teóricos* en favor de la razón prática. Son estos hipótesis teóricos, necesarios bajo el punto de vista final de la razón práctica, tales, por ejemplo, como la existencia de Dios, la libertad humana, y la otra vida.

2. Corresponden a los problemas: 1. la cuestión, que contiene lo que debe hacerse; 2. la *resolución,* que contiene la manera como debe resolverse la cuestión; y 3. la *demostración,* que tiene por objeto hacer ver que aquello que debía ser, es efectivamente.

39. *Teoremas, Corolarios, Lemas y Escolios.* Los *Teoremas* son proposiciones teóricas susceptibles de prueba, que tienen necesidad de ella. Los *Corolarios* son consecuencias inmediatas de proposiciones anteriores. Llámanse *Lemas* las proposiciones que no son extrañas a la ciencia en que son supuestas como demostradas, pero que son, sin embargo, tomadas de otras ciencias. Por último, los *Escolios* son proposiciones puramente explicativas, y que por consiguiente no forman parte como miembros de un todo sistemático.

Observación. Los momentos esenciales y generales de todo teorema son: la *Tesis* y la *Demostración.* Puede por lo demás establecerse esta diferencia entre los dos teoremas y los corolarios, que estos son conclusiones inmediatas, mientras que aquellos son, por el contrario, deducidos por una serie de consecuencias, de proposiciones inmediatamente ciertas.

40. *Juicios de percepción y de experiencia.* Un juicio de percepción es puramente subjetivo. El juicio objetivo, formado de percepciones, es un juicio de experiencia. Un juicio, formado de simples percepciones, solo es posible en cuanto se enuncia la idea (*como percepción*): por ejemplo, si yo percibo una torre, y digo que me parece colorada. Pero no puedo decir la *torre es colorada*; porque esto no sería un juicio puramente empírico, sino también un *juicio de experiencia,* es decir, un juicio empírico por el cual forma una noción de objeto. Por ejemplo, *si tocando una piedra* digo que *siento calor,* formo un juicio de percepción; pero si digo, por el contrario, que la *piedra está caliente,* formo un juicio de experiencia. El carácter de este último consiste en no atribuir al objeto lo que está simplemente en mi sujeto: porque un juicio de experiencia es la percepción de donde resulta una noción de objeto; por ejemplo, si los puntos luminosos de la luna se mueven en el *aire* o en mi *ojo.*

---

1. Por ejemplo; *todos los planetas describen una elipse.* Puede decirse, sin embargo, que la idea general es la comprensión de la idea universal, mientras que esta es la extensión de aquella. V. Krug. Log., p. 158 (N. d. T.)
2. Lo cual quiere decir que hay proposiciones universales en la expresión, pero que, en el pensamiento están sujetas a excepciones reales o posibles (N. d. T).
3. Es decir. que proposiciones particulares en cuanto a la expresión, pueden ser en realidad universales. Lo cual sucede siempre que la proposición es indefinida y su materia necesaria. La proposición indefinida en materia contingente, es unas veces universal y otras particular, según la naturaleza de las cosas (N. d. T. f.).

PARTE UNO
- III -DEL RACIOCINIO

41. *Del raciocinio en general.* Entiéndese por *raciocinar* la función del pensamiento por la que un juicio se deriva de otro. Un raciocinio en general, es la derivación de un juicio de otro juicio.

42. *Raciocinios inmediatos y mediatos.* Todos los raciocinios son *inmediatos* o *mediatos.*

Raciocinio *inmediato* (*consequentia inmediata*) es la derivación (*deductio*) de un juicio de otro juicio, sin el concurso de un tercero (*iuditium intermedium*). El razonamiento *mediato* tiene lugar cuando se echa mano de otra noción, además de la que contiene en sí un juicio, para derivar de ella una consecuencia.

43 *Raciocinio del entendimiento, de la razón y del juicio.* Los raciocinios inmediatos son llamados también *raciocinios intelectuales* (o del entendimiento); todos los raciocinios mediatos son, por el contrario, *raciocinios racionales* (de la razón), o raciocinios del *juicio.* Hablaremos primero de los raciocinios inmediatos o intelectuales.

1/ RACIOCINIOS DEL ENTENDIMIENTO

44. *Naturaleza propia de los raciocinios intelectuales.* El carácter esencial de los raciocinios intelectuales, el principio de su posibilidad, no consiste más que en el cambio de forma de juicios; mientras que la materia de estos, el sujeto y el predicado, permanece invariablemente la misma.

Observaciones. 1. De que en los raciocinios inmediatos cambie solamente la forma y no la materia del juicio, se deduce que estos raciocinios difieren esencialmente de los mediatos, en los que los juicios se distinguen además *por su materia,* puesto que debe intervenir una nueva noción como juicio intermediario, o como noción media (*terminus medius*) con ayuda de la cual se deduce un juicio de otro. Si, por ejemplo, digo: Todos los hombres son mortales, luego Cayo es mortal, esto no es un raciocinio inmediato: porque empleo tácitamente, para obtener la conclusión, este juicio medio: Cayo es hombre, y la materia del juicio cambia por esta nueva noción.

2. En los raciocinios inmediatos, es necesario también un juicio intermediario; pero entonces este juicio es puramente tautológico, como por ejemplo, en este raciocinio inmediato: Todos los hombres son mortales; *algunos hombres son hombres,* luego algunos hombres son mortales. La noción media es una proposición tautológica.

45. *Modos de los raciocinios intelectuales.* Los raciocinios intelec-

tuales (que llamaremos en adelante inmediatos), tienen lugar en toda clase de funciones lógicas del juicio, y son, por consiguiente, determinados en sus modos principales por los momentos de la cantidad, de la cualidad, de la relación y de la modalidad. De aquí la siguiente división de estos raciocinios.

46 I. *Raciocinios inmediatos en relación a la cantidad de los juicios (per judicia subalternata).* En los raciocinios inmediatos *per judicia subalternata,* difieren los dos juicios en cuanto a la *cantidad,* y el juicio particular se deriva entonces del juicio general en virtud del principio, *es válida la conclusión de lo general a lo particular (Ab universale ad particularem valet consequentia)*

Observación. Llámase un juicio *subalternatum* cuando está comprendido *bajo* otro, como, por ejemplo, el juicio particular bajo el *general.*

47. II. *Raciocinios inmediatos relativamente a la cualidad de los juicios (per judicia opposita).* En los raciocinios inmediatos de esta especie, concierne el cambio la *cualidad* de los juicios, pero con relación a la *oposición.* Ahora bien, como esta oposición puede ser de tres clases, resulta de aquí la siguiente división particular del raciocinio inmediato: 1., por juicios *opuestos contradictorios;* 2., por juicios *contrarios;* y 3., por juicios *subcontrarios.*

Observación. Los raciocinios inmediatos obtenidos por *juicios equivalentes (per judicia quivallentia)* no son, propiamente hablando, raciocinios, porque no hay consecuencia ninguna: esto no es más que una pura sustitución de palabras que indican una sola y misma noción; los juicios quedan los mismos en cuanto a su forma. Ejemplo: Todos los hombres no son virtuosos, y algunos hombres no son virtuosos. Estos dos juicios dicen enteramente lo mismo.

48. A. *Raciocinios inmediatos (per judicia contradictoria opposita).* En los raciocinios inmediatos por juicios opuestos contradictoriamente, y que, como tales, forman la verdadera oposición, la oposición pura y simple, la verdad de uno de los juicios contradictorios se deduce de la falsedad del otro y recíprocamente: porque la verdadera oposición, la que no contiene ni mas ni menos que lo que es necesario para la oposición, solo tiene lugar en este caso. En virtud del principio de *la exclusión de un tercero,* no pueden dos juicios contradictorios ser ambos verdaderos al mismo tiempo, pero tampoco pueden ser falsos. Si, pues, el uno es verdadero, el otro es falso, y recíprocamente.

49. *Raciocinios inmediatos (per judicia contrarie opposita).* Los

juicios subcontrarios son aquellos que el uno afirma universalmente, lo mismo que el otro niega de igual modo. Ahora bien, como cada uno de ellos dice más de lo que es necesario para destruir la afirmación del otro, y como la falsedad no puede encontrarse en este exceso, no pueden ser ambos verdaderos a la vez, pero si falsos. Se puede, pues, concluir, solo con relación a esta clase de juicios, *de la verdad del uno, la falsedad del otro, pero no recíprocamente.*

50. *Raciocinios inmediatos (per judicia sub contrarie opposita).* Los juicios subcontrarios son aquellos que el uno niega o afirma *particularmente,* lo que otro niega o afirma del mismo modo.

Como ambos pueden ser verdaderos al mismo tiempo, pero no pueden ser falsos, puede concluirse de la falsedad del uno la verdad del otro, *pero no recíprocamente.*

Observación. En los juicios subcontrarios no ha lugar a una oposición estricta: porque no se afirman o niegan en el uno los *mismos* objetos que se afirman o niegan en el otro. En este raciocinio, por ejemplo: Algunos hombres son sabios, luego algunos hombres no son sabios, la afirmación del primer juicio no recae sobre los mismos objetos que la negación del segundo.

51. III. *Raciocinios inmediatos en cuanto a la relación de los juicios (per judicia conversa seu per conversionem).* Los raciocinios inmediatos por *conversión,* se refieren a la relación del juicio, y consisten en la trasposición del sujeto y del predicado en ambos juicios, de tal suerte que el sujeto del uno se convierta en predicado del otro y recíprocamente.

52. *Conversión simple y por accidente.* En la conversión se cambia unas veces y otras no la cantidad de los juicios. En el primer caso, la, proposición convertida (*conversum*) es diferente de la que convierte (*convertente*) en cuanto a la cantidad, y la conversión se denomina por *accidente* (*conversio per acidens*); en el segundo, la conversión se llama simple o pura (*conversio simpliciter*)

53. *Reglas generales de la conversión.* Las reglas de los raciocinios inmediatos por conversión son las siguientes:

1. Los juicios universales afirmativos solo son convertibles por accidente: porque el predicado en estos juicios, es más extenso que el sujeto, de tal suerte, que solo una parte de aquel está contenida en este.

2. Todos los sujetos universales negativos se convierten simplemente, porque el sujeto es sacado de la esfera del predicado.

3. Todas las proposiciones *particulares afirmativas* se convierten simplemente; porque en estos juicios, una parte de la esfera del sujeto está comprendida en la del predicado, y por consiguiente una parte de la esfera del predicado puede estar comprendida en la del sujeto.

Observaciones. 1. En los juicios universales afirmativos se considera al sujeto como un *contenido* del predicado, puesto que está comprendido en su esfera. Puedo, pues, concluir solamente de la manera siguiente: Todos los hombres son mortales; por tanto, algunos de los seres comprendidos en la clase de mortales son hombres. Pero si los juicios universales negativos se convierten simplemente, es porque las nociones universalmente contradictorias entre sí se contradicen con igual extensión.

2. Si muchos juicios afirmativos universales son también convertibles *simpliciter*, no está la razón en su forma, sino en la propiedad particular de su materia, como, por ejemplo, los dos juicios siguientes: Todo lo que es inmutable es necesario, y todo lo que es necesario es inmutable.

54. *Raciocinios inmediatos con relación* a la modalidad de los juicios (*per judicia contraposita*). El raciocinio inmediato por contraposición consiste en la transposición de los juicios en que permanece inalterable la cantidad, pero varía la cualidad. Este modo de concluir sólo afecta a la modalidad de los juicios, puesto que un juicio asertórico se convierte en un juicio apodíctico.

55. *Reglas generales de la contraposición.* Bajo la relación de la contraposición, *todos los juicios universales afirmativos se contraponen simplemente*; porque si se niega el predicado como contenido en el sujeto, y, por consiguiente, toda su esfera, debe negarse también una parte de esta esfera, es decir, el sujeto.

Observaciones. 1. La materia de los juicios por conversión y por contraposición, son opuestas entre sí en este sentido: que la primera cambia solo de cantidad, y la segunda de cualidad.

2. Los raciocinios inmediatos no se refieren a los juicios categóricos.

2/ RACIOCINIOS DE LA RAZÓN

56. *Del raciocinio racional en general.* Un raciocinio de esta especie es el conocimiento de la necesidad de una proposición (*conclusión*), por la subsunción de su condición (*menor*) en una regla general dada (*mayor*).

57. *Principio general del raciocinio racional.* El principio general en que se funda la validez de toda conclusión puede expresarse por la siguiente fórmula: lo que está sometido a la condición de una regla, lo está a la regla misma.

Observación. El raciocinio racional establece primero una *regla general* y una *subsunción* a la condición de esta regla. De donde se deduce que la conclusión no está contenida *a priori*, en lo singular, sino en lo general, y que es necesaria bajo una cierta condición. El hecho de que todo está sometido a lo general y puede determinarse también por una regla general, constituye el principio de la *racionalidad* o de la *necesidad* (*principium rationalitatis seu necesitatis*)

58. *Elementos esenciales del raciocinio racional.* Todo raciocinio de la razón comprende esencialmente las tres partes siguientes:

1. Una regla general que se denomina *mayor* (*propositio mayor*);

2. La proposición que subsume un conocimiento (el sujeto de la conclusión o el término menor), y la condición (el medio) de la regla general, y que se llama menor;

3. Por último, la proposición que afirma o niega del conocimiento subsumido, el predicado de la regla (el atributo de la conclusión o el término mayor), y que es la *conclusión* (*conclusio*). Las dos primeras proposiciones forman las *premisas* o proposiciones primeras.

Observación. Una regla es una aserción sometida a una condición general. La relación de la condición con la aserción, es decir, la manera conque ésta está sometida a aquella, es el *exponente* de la regla.

El conocimiento, objeto de la condición (de cualquier modo que sea), es la *subsunción*.

Lo subsumido en la condición, unido a la aserción de la regla, es el raciocinio.

59. *Materia y forma del raciocinio racional.* Las premisas constituyen la *materia* del raciocinio; la conclusión contiene la consecuencia y constituye su *forma*.

Observaciones. 1. En todo raciocinio racional debe observarse, en primer lugar, la verdad de las premisas, y después la legitimidad de la consecuencia. En un raciocinio de esta naturaleza no debe comenzarse nunca por negar la conclusión; es necesario primeramente negar las premisas o la consecuencia, si hay lugar a ello.

2. En todo raciocinio racional las premisas y la consecuencia encierran en sí la conclusión.

60. *División de los raciocinios racionales* (*en cuanto a la relación*), *en categóricos, hipotéticos y disyuntivos.* Todas las reglas (juicios), contienen la unidad objetiva de la conciencia de la diversidad del conocer, encierran, por tanto, una condición bajo la cual pertenece un conocimiento, en unión de otro, a una conciencia única. Concíbense tres condiciones de esta unidad: 1. como sujeto de la inherencia; 2. como razón de la dependencia de un conocer con relación a otro; 3. por último, como unión de las partes en un todo (división lógica). No puede haber tampoco más que estas tres clases de reglas generales (*proposiciones mayores*) con cuya ayuda se deduzca la consecuencia de un juicio por medio de otro.

De aquí la división de todos los raciocinios racionales en *categóricos, hipotéticos y disyuntivos.*

Observaciones. 1. Los raciocinios racionales no pueden dividirse en cuanto a su *cantidad*, porque toda mayor es una regla, y por consiguiente universal; en cuanto a la *cualidad*, porque es indiferente que la conclusión sea afirmativa o negativa; ni en cuanto a la *modalidad,* porque la conclusión va siempre acompañada de la conciencia de la necesidad, y por consiguiente tiene siempre el carácter de una proposición apodíctica. Queda, pues, la *relación* como el solo principio de división posible de los raciocinios.

2. Muchos lógicos no admiten más que los raciocinios *categóricos* como raciocinios *ordinarios,* y consideran a todos los demás como *extraordinarios,* lo cual no tiene razón de ser, y hasta es falso; porque los tres son productos igualmente legítimos de la razón, pero resultan de procedimientos racionales esencialmente diferentes.

61. *Diferencia propia entre los raciocinios racionales categóricos, hipotéticos y disyuntivos.* La diferencia entre estas clases de raciocinios reside en la *mayor.* En los raciocinios *categóricos,* la mayor es categórica; en los *hipotéticos,* es hipotética o problemática, y disyuntiva en los *disyuntivos.*

I. 62. *Raciocinios categóricos.* En todo raciocinio categórico hay tres nociones principales (*termini*).

1. El predicado (en la conclusión), que se llama término mayor (*terminus major*), porque tiene una esfera más extensa que la del sujeto, y está en la mayor;

2. El sujeto (en la conclusión), que se llama término *menor* (*terminus minor*), en la menor;

3. Un signo medio (*nota intermedia*), que se llama término *medio* (*terminus medius*), porque sirve para subsumir un conocimiento en la condición de la regla.

Observación. Esta diferencia en los términos sólo tiene lugar en los raciocinios racionales categóricos, porque son los únicos que concluyen con la ayuda de un término medio; los demás, por el contrario, sólo concluyen por la subsunción de una proposición problemática en la *mayor,* y asertórica en la *menor.*

63. *Principios de los raciocinios racionales categóricos.* El principio en que se fundan la posibilidad y la validez de todo raciocinio racional categórico es el siguiente: *Lo que conviene al signo (carácter, idea elemental) de una cosa, conviene también a la cosa misma; y lo que repugna al signo de una cosa, repugna también a la cosa misma (nota notae est etiam nota rei ipsius, et repugnans notae repugnat rei ipsi).*

Observación. Del principio anteriormente establecido se deduce este otro: *dictum de omni et nullo*; puede servir, por consiguiente, como principio supremo para los raciocinios racionales en general, y para los categóricos en particular.

Las *nociones de género y de especie* son, por tanto, signos generales de todos los casos sometidos a estas nociones. De aquí la regla: *lo que conviene o repugna al género o la especie, conviene o repugna también a todos los objetos en ellos comprendidos*. Esta regla es precisamente: la de *dictum de omni et nullo*.

64. *Reglas para los raciocinios racionales categóricos*. De la naturaleza y del principio, de los raciocinios racionales categóricos se desprenden las reglas siguientes relativas a los mismos:

1. En todo raciocinio racional categórico no puede haber más ni menos de *tres términos principales* (*termini*): porque debe enlazar en él dos nociones el (sujeto y el predicado) con ayuda de un término medio.

2. Las premisas no pueden ser ambas negativas (*ex paris negativis nihil sequitur*): porque la subsunción en la menor debe ser afirmativa, indicando de este modo que un conocimiento, está sometido a la condición, de la regla.

3. No pueden ser *particulares* ambas premisas (*ex paris particularibus nihil sequitur*); porque entonces no habría regla, es decir, proposición universal de donde se pueda derivar un conocimiento particular.

4. La conclusión sigue siempre la premisa más débil (*conclusi sequitur partem debiliorem*), es decir, la proposición particular o negativa de las premisas. -Luego:

5.Si una de las premisas fuera negativa la conclusión deberá también serlo.

6. Si una de las premisas es particular, también lo será la conclusión.

7. En todo raciocinio racional categórico, la *mayor* debe ser siempre universal, y la *menor* siempre afirmativa; -de donde se sigue, por último:

8. Que la conclusión debe arreglarse, en cuanto a la *cualidad*, a la *mayor*, y en cuanto a la *cantidad*, a la *menor*.

Observaciones. Es cosa fácil de notar que la conclusión debe ajustarse siempre a la premisa particular y negativa.

1. Si hago la menor solamente particular, y digo: Alguna cosa está contenida bajo la regla, solo puedo decir en la conclusión, que el

predicado de la regla conviene con el sujeto de la menor, porque no he subsumido *otra cosa* a la regla. Por otra parte, si tengo por regla una proposición negativa (mayor), debo concluir negativamente; porque si la mayor dice: Tal o cual predicado debe negarse de todo lo que está sometido a la condición de la regla, la conclusión debe negar también el predicado de aquello que se había subsumido (del sujeto), en la conclusión de la regla.

65. *Raciocinios racionales categóricos puros, y categóricos mixtos.* Es puro un raciocinio racional categórico, cuando no lleva en sí ninguna conclusión inmediata, y se conserva el orden regular de las premisas; en otro caso se llama impuro o híbrido (*ratiotinium impurum vel hibridum*).

66. *De los raciocinios mixtos por conversión de las proposiciones. Figuras.* Deben contarse en el número de los raciocinios mixtos aquellos que se forman por la conversión de las proposiciones, y en los cuales, por consiguiente, es irregular el orden de las proposiciones. Tal es el caso de las tres últimas figuras del raciocinio racional categórico.

67. *De las cuatro figuras del silogismo.* Entiéndese por figuras cuatro modos de concluir, cuya diferencia es determinada por el lugar de las premisas y de sus términos o nociones.

68. *Principio de la determinación de las diferencias de las figuras por la diferente posición del término medio.* El término medio de cuyo lugar nos ocupamos, puede ser: 1. Sujeto de la mayor y atributo de la menor; 2. Atributo en ambas premisas; 3. Sujeto en ambas; y 4. atributo de la mayor y sujeto de la menor. Determinaré la distinción de las cuatro figuras por estos cuatro casos: S, indica el sujeto de la conclusión; P, el predicado de la misma, y M, el término medio; de modo que el esquema de las cuatro figuras puede exponerse de este modo:

1.	2.	3.	4.
M P	P M	M P	P M
S M	S M	M S	M S
S P	S P	S P	S P

69. *Regla de la primera figura como la única regular.* La regla de

la primera figura es: que la *mayor* es *universal* y la *menor afirmativa*. Y como esta debe ser la regla general de todos los raciocinios categóricos, se sigue que la primera figura es la sola regular, que sirve de fundamento a todas las demás, que todas pueden referirse a ella por lo menos en cuanto son valederas, por la conversión de las premisas (*metalhesion premisorum*).

Observación. Puede la primera figura tener una conclusión de cualquier cantidad o cualidad. En las demás figuras, las conclusiones son de una especie determinada; algunos de sus modos están excluidos de ella. Lo que muestra que estas figuras no son perfectas, sino que están sujetas a ciertas restricciones que impiden que en algunos modos haya conclusión, como sucede en la primera figura.

70. *Condición de la reducción de las tres últimas figuras a la primera.* La condición de la validez de las tres últimas figuras, bajo la que es posible un modo legítimo de concluir en cada una de ellas, está sujeta a que el *término medio* ocupe en las proposiciones un lugar tal que pueda resaltar de las reglas de la primera la validez de estas figuras por consecuencias inmediatas (*consequentias inmediatas*) De aquí las reglas de las tres últimas figuras.

71. *Regla de la segunda figura.* En la segunda figura no varía la menor; debe *convertirse* la mayor, pero de modo que permanezca universal[1]; lo cual no es posible sino en cuanto es universal y negativa; pero si es *afirmativa* debe ser contrapuesta. En ambos casos la conclusión es *negativa* (*sequitur partem deviliorem*).

Observación. Regla de la segunda figura: lo que repugna al carácter de una cosa, repugna a la cosa misma. En este caso debo, pues, hacer en primer lugar una conversión, y decir: Lo que repugna a un carácter, repugna a este mismo carácter; o bien debo convertir la conclusión de este modo: La misma cosa repugna a aquello que repugna un carácter de la cosa; por consiguiente, repugna a la cosa misma.

72. Regla de la tercera *figura.* En la tercera figura, la mayor es directa; por consiguiente, debe convertirse la *menor*, de tal suerte, sin embargo, que resulta de ella una proposición afirmativa; lo cual no es posible sino en cuanto la proposición afirmativa es *particular*[2]: la conclusión es, pues, particular.

Observación. Regla de la tercera figura, lo que conviene repugna a un carácter, conviene o repugna también a alguna de las cosas en que está contenido. Debo, en primer lugar, advertir aquí que conviene o repugna a todas las subordinadas de este signo.

73. *Regla de la cuarta figura.* Si en la cuarta figura es la *mayor* universal negativa, puede convertirse *simpliciter*; lo mismo sucede con la *menor* como particular; por consiguiente, la conclusión es negativa. Si, por el contrario, la mayor es universal afirmativa, sólo puede convertirse o contraponerse *per accidens,* y, por consiguiente, la conclusión es particular o negativa. Si la conclusión debe convertirse (P. S. convertida en S. P.), las transposiciones de ambas premisas (*metathesis premisorum*) o su conversión (*conversio*), debe verificarse.

Observación. En la cuarta figura se concluye que el *predicado* se relaciona con el *termino medio,* y este con el sujeto (de la conclusión), por consiguiente, el *sujeto* con el *predicado;* lo cual concluye absolutamente sino en todo caso la recíproca. Para hacer posible esta conclusión u obtener la recíproca, debe tomarse la mayor por la menor, y *viceversa;* y la conclusión debe convertirse, porque en el primer cambio, el término menor se ha transformado en término mayor.

74. *Resultados generales sobre las últimas figuras.* De las reglas dadas para las tres últimas figuras, se sigue que

1. En ninguna de ellas hay conclusión universal afirmativa, sino que es siempre o negativa o particular.

2. Que se une a cada uno un *raciocinio inmediato (consequentia inmediata)* que no está expresamente indicado, pero que, sin embargo, debe ser sobreentendido; de donde se sigue también que

3. Estos tres modos de raciocinio no son puros, sino híbridos, puesto que todo raciocinio puro no puede tener más de tres términos.

75. *De los raciocinios racionales hipotéticos.* Llámase raciocinio hipotético aquel cuya mayor es hipotética. Se compone este, por consiguiente, de dos proposiciones: 1., de un *antecedente,* 2., de *un consiguiente;* y se concluye según el *modus ponens,* o según el *modus tollens.*

Observaciones. 1. Los raciocinios racionales hipotéticos no tienen *término medio,* sino que sólo se indica la consecuencia de una proposición. La *mayor* de este raciocinio contiene, por tanto, las consecuencias de las dos proposiciones expresadas explícitamente, de las que la primera es una premisa, la segunda una conclusión. La *menor* es un cambio de la condición problemática en una proposición categórica.

2. De donde se sigue que el raciocinio hipotético se compone solo de dos proposiciones, y que no hay término medio; que no es, por consiguiente, un raciocinio racional propiamente dicho, sino mas bien una simple consecuencia inmediata que debe demostrarse por un antecedente y un consiguiente, en cuanto a la materia o a la forma (*consequentia inmediata demonstrabilis ex antecedente et consequente vel quoad materiam quoad formam*).

Todo raciocinio racional debe ser una prueba; pero como el raciocinio hipotético no es mas que un *fundamento* de prueba, se sigue evidentemente que no puede ser un raciocinio racional.

76. *Principio de los raciocinios hipotéticos.* El principio de los raciocinios hipotéticos está concebido en estos términos: *A ratione ad ratiocinatum, a negatione ratiocinati ad negationem rationis, valet consequentia.*

77. *De los raciocinios racionales disyuntivos.* En los raciocinios disyuntivos, la mayor es una *disyuntiva,* y, como tal, debe tener miembros de división o de disyunción.

Conclúyese en él: 1., de la verdad de un miembro de la disyunción a la falsedad de los demás; 2., de la falsedad de todos los miembros menos uno a la verdad de este. En este primer caso se hace el raciocinio por el *modum ponentem,* o *ponendo tollentum*; en el segundo, por el *modum tollenten* o *tollendo ponentem.*

Observaciones. 1. Todos los miembros de la disyunción tomados en conjunto, excepto uno, forman la oposición contradictoria con este miembro único. Hay, pues, aquí una dicotomía, según la cual, si uno de los dos términos de la oposición es verdadero, debe ser falso el otro y recíprocamente.

2. Todos los raciocinios disyuntivos que tienen más de dos miembros son polisilogísticos; porque toda disyunción verdadera no puede tener más de *dos miembros,* lo mismo que la división lógica; pues los miembros *subdivididos* están colocados para mayor brevedad entre los *divididos.*

78. *Principios de los raciocinios disyuntivos.* El principio de los raciocinios disyuntivos es: el de la exclusión de un tercero y está concebido en estos términos: *A contradictoris oppositorum negatione unius ad afirmationem alterius -a positione unius ad negationem alterius, -valet consequentia.*

79. *Dilemas.* Dilema es un raciocinio racional hipotéticamente disyuntivo, o un raciocinio hipotético cuyo *consiguiente* es un juicio

disyuntivo. Las proposiciones hipotéticas cuyo consiguiente es disyuntivo, es la mayor; la menor afirma que es falso el consiguiente (*per omnia, membra*), y la conclusión afirma la falsedad del antecedente. *A remotione consequentis ad negationem antecedentis, valet consequentia.*

Observación. Los antiguos empleaban mucho el dilema, y le llamaban argumento *cornudo.* Sabían por este medio combatir al adversario, exponiendo todos los partidos que podía tomar y poniéndole en contradicción consigo mismo en todos los puntos, fuese cualquiera la opinión que adoptase. Pero esto no es más que un arte sofístico, empleado más bien para oponer dificultades que para resolverlas, lo cual es siempre muy fácil. Porque si se hubiera de estimar como falso todo lo que presenta dificultades, se haría un juego de palabras fácil para rechazarlo todo. Bueno es demostrar la imposibilidad de la tesis opuesta a la que se defiende; pero hay, sin embargo, algo de ilusorio en que se quiera hacer pasar la *inteligibilidad* de la tesis por su *imposibilidad.* Los *dilemas* tienen, pues, algo de capciosos aun en los casos que tienen una conclusión muy rigurosa. Pueden emplearse para defender, pero también para atacar proposiciones verdaderas.

80. *Raciocinios formales y crípticos (raciocinia formalia et criptica.)* Raciocinio racional formal es aquel que contiene todo lo que se exige ordinariamente a un raciocinio, no solo en cuanto a la materia, sino también en cuanto a la forma y que es íntegramente expresado. Los raciocinios racionales crípticos (o disfrazados), son opuestos a los formales. Pueden contarse en el número de los raciocinios crípticos aquellos en que están traspuestas las premisas o a los que falta una, o por último, a aquellos en que el término medio está solo enlazado con la conclusión. Raciocinio críptico de la segunda especie es aquel en que se sobreentiende una de las premisas: se le llama silogismo *truncado* o *entimema.* Los de la tercera especie se llaman silogismos *contractos*

---

1. Porque dos proposiciones particulares no pueden formar un raciocinio. Véase lo dicho anteriormente, regla 7.ª
2. Por la citada regla 7.ª

3/ RACIOCINIOS DE JUICIO

81.*Juicio determinativo y reflexivo*. El juicio es de dos clases, *determinativo* o *reflexivo*. El primero va de *lo general a lo particular*; el segundo de *lo particular a lo general*. Este tiene solo un valor *subjetivo*, porque lo general a donde se eleva desde lo particular, es solo un general empírico, un simple análogo de lo general lógico.

82. *Raciocinios de juicio reflexivo*. Raciocinios de juicio son ciertos procedimientos silogísticos para pasar de las nociones particulares a las generales. No son, por consiguiente, funciones de juicio *determinativo*, sino de juicio *reflexivo*. No determinan el *objeto*, sino la *manera de reflejar* sobre el objeto para llegar al conocimiento.

83. *Principio de estos raciocinios*. El principio de los raciocinios de juicio es el siguiente: Muchas cosas no pueden reunirse en una sola sin que tengan un principio común, sino que lo que conviene de este modo a muchas cosas proviene necesariamente de un principio común.

Observación. Los raciocinios de juicio, que se fundan en este principio, no pueden, por esta razón, servir para raciocinios *inmediatos*.

84. *De la inducción y de la analogía. -las dos especies de raciocinios de juicio*. Puesto que el juicio va de lo particular a lo general,

para partir de juicios generales de experiencia, por consiguiente no *a priori* (empíricamente), concluye o de muchas cosas de una especie a todas las de la misma, o de muchas *determinaciones* y propiedades en que convienen las cosas de idéntica especie a las demás determinaciones y propiedades, *en tanto que pertenecen al mismo principio.* La primera especie se llama raciocinio *por inducción;* la segunda, raciocinio *por analogía.*

Observaciones. 1. La inducción concluye de lo particular a lo general (*a particulari ad universalem*) según el principio de la *generalización,* concebido en esta forma: lo que conviene a muchas cosas de un género, conviene a todas las demás (del mismo género).

La analogía concluye de la semejanza particular de los casos a la semejanza *total,* según el principio de la *especificación.* Las cosas de un género respecto de las cuales se conocen muchos caracteres que convienen entre sí, convienen a lo demás que conocemos en algunos individuos de este género, pero que no percibimos en otros.

La inducción va de los datos *empíricos* de lo particular a lo general, respecto a *muchos objetos.* La analogía, por el contrario, va de las cualidades dadas de una cosa al *mayor número de cualidades de la misma.-* Una sola cosa se da en muchos objetos; luego se da en todos: *Inducción. Muchas cosas se dan en un objeto* (que están además en otro), luego todas las demás se dan en el mismo objeto; Analogía. Así por ejemplo, el argumento en favor de la inmortalidad que consiste en partir del desarrollo perfecto de las facultades naturales de toda criatura, es un raciocinio por analogía.

En el raciocinio por analogía, no exige, sin embargo, *la identidad del principio.* Solo por analogía concluimos que hay seres racionales en la luna, pero no que hay hombres. Tampoco se concluye por analogía lo que hay fuera del tercer término de comparación.

2. Todo raciocinio racional debe traer consigo la necesidad: la inducción y la analogía no son, pues, raciocinios de la razón, sino solo *presunciones* lógicas o raciocinios empíricos. Se obtienen por inducción proposiciones generales pero nunca universales.

3. Los raciocinios de juicio son útiles y aun indispensables para la extensión de nuestro conocimiento experimental. Pero como no dan nunca más que una certeza empírica, debemos usarlos con circunspección.

85. *Raciocinios racionales simples y compuestos.* Es simple un

raciocinio racional cuando no comprende más que uno; y compuesto cuando comprende muchos.

86. *Ratiocinato polisillogistica.* Un raciocinio compuesto, en el que hay muchos raciocinios unidos entre sí, no por simple coordinación sino por *subordinación*, es decir, como principios y consecuencias, forma una cadena de raciocinios racionales (*ratiocinato polisillogistica*).

87. *Prosilogismos y episilogismos.* En la serie de los raciocinios compuestos puede concluirse de dos modos: o de los principios a las consecuencias, o de las consecuencias a los principios. El primer procedimiento se llama raciocinio *episilogístico;* el segundo *prosilogístico.*

Un episilogismo es, pues, un raciocinio en la serie silogística, del que una de las premisas es la conclusión de un prosilogismo, es decir, la conclusión de un silogismo que tiene por conclusión una de las premisas del primero.

88. *Sorites o cadena silogística.* Llámase sorites o cadena silogística, a un silogismo formado de otros muchos abreviados y unidos entre sí de tal modo, que tengan una sola conclusión. Esta cadena puede ser *progresiva* o *regresiva*, según que se va de los principios más próximos a los más lejanos o viceversa.

89. *Sorites categóricos e hipotéticos.* Así los sorites progresivos como los regresivos, pueden ser, además, categóricos o hipotéticos. Los primeros se componen de *proposiciones categóricas* como de una serie de predicados; los segundos, de proposiciones hipotéticas como de una serie de consecuencias.

90. *Raciocinios delusorios, -Paralogismos, -Sofismas.* Llámase raciocinio *delusorio (fallacia)*, a aquel que es falso en cuanto a la forma, aun que parece legítimo. Este raciocinio es un *paralogismo* cuando nos engañamos a nosotros mismos, y *sofisma* si se intenta engañar a los demás.

Observación. Los antiguos se ocupaban mucho del arte de los sofismas; distinguían una porción de especies; por ejemplo, *sophisma figurae dictionis*, en el que el término medio se toma en diferente sentido; la *faliacia a dicto secundum quid ad dictum simpliciter;* el *sophisma heteroutereos, elenchi ignorationis*, etc., etc.

91. *Salto en el raciocinio.* El salto en el raciocinio o en la prueba, consiste en enlazar de tal suerte una de las premisas con la conclusión que puede omitirse la otra premisa. Es *legítimo* el salto cuando puede

suplirse fácilmente la premisa. Es *ilegítimo* el salto cuando esta subsumción no está clara. En este caso es un signo lejano unido a una cosa sin signo intermediario (*nota intermedia.*)

Petitio principii circulus in probando. Entiéndese por petición de principio la admisión de una, proposición para principio de prueba, como proposición inmediatamente cierta, aunque necesite a su vez de prueba. Y se comete un círculo vicioso en la prueba cuando se da la proposición que se quería probar como principio de la misma prueba.

Observación. No siempre es fácil descubrir el círculo de la prueba, y nunca esto es más frecuente que cuando las pruebas son difíciles.

Probatio plus et minus probans. Una prueba puedo probar mucho o poco. En este último caso no prueba mas que una parte de lo que debía; en el primero, llega hasta probar lo falso.

Observación. Un argumento que pruebe muy poco, puede ser verdadero, y no debe, por consiguiente, desecharse. Pero si prueba demasiado, prueba más de la verdad, y por consiguiente, lo que es falso. Así, por ejemplo, el argumento contra el suicida, en el que se dice que aquel que no ha dado la vida no puede quitarla, prueba demasiado; porque si este principio fuera cierto, no podríamos matar ningún animal; es, pues, falso.

PARTE SEGUNDA :
METODOLOGÍA GENERAL

METODOLOGÍA GENERAL

94. *Forma y método.* Todo conocimiento y todo conjunto de conocimientos debe estar conforme con una regla: aquello que carece de reglas, carece al mismo tiempo de razón. Pero esta regla se dirige o a la *forma* (libertad,) o al *método* (presión).

95. *Forma de la ciencia. Método.* El conocimiento, como ciencia, debe arreglarse a un método; porque quien dice ciencia, dice conjunto de conocimientos enlazados de una manera sistemática, y no simplemente como un agregado. La ciencia exige, pues, que concibamos el conocimiento sistemáticamente, y por consiguiente que lo formemos según ciertas reglas.

96. *Metodología, su objeto y su fin.* Así como la doctrina elemental en lógica tiene por objeto los elementos y las condiciones de la perfección de un conocimiento con relación a su objeto, así también la metodología general, como segunda parte de la lógica, debe por el contrario tratar de la forma de una ciencia en general, o del modo de proceder para formar una ciencia con la diversidad del conocimiento.

97. *Medio de obtener la perfección lógica del conocer.* La metodología debe exponer la manera de llegar a la perfección del conocimiento. Pues bien; una de las perfecciones lógicas esenciales del conocimiento consiste en la lucidez, la fundamentalidad, y en un

orden sistemático del conocer tal, que de él resulte un todo científico. La metodología deberá, pues, ante todo dar los medios de alcanzar estas perfecciones del conocimiento.;

98. *Condiciones de la claridad del conocimiento.* La lucidez de los conocimientos y su unión en un todo sistemático, depende de la claridad de las nociones, tanto en relación a lo contenido en ellas como a lo contenido *bajo* ellas.

La conciencia clara de la materia de las nociones se obtiene por su exposición y su definición. La conciencia clara de su circunscripción o extensión se obtiene, por el contrario, mediante su división lógica. Trataremos, pues, primeramente de los medios de dar claridad a las nociones *en relación a su materia.*

I. *Perfección lógica del conocimiento por definición, exposición y descripción de las nociones.*

99. *Definición.* Definición es una noción suficientemente esclarecida y determinada (*conceptus rei adquatus in minimis terminis, complete determinatus*).

Observación. La definición debe ser considerada como una noción lógicamente perfecta; porque reúne las dos perfecciones esenciales de una noción, la lucidez, la integridad y la precisión en la lucidez (cantidad de la lucidez).

100. *Definición analítica y sintética.* Todas las diferencias son o analíticas o sintéticas. Las primeras son definiciones de una noción *dada*; las segundas lo son de una noción formada.

101. *Nociones dadas y nociones formadas a priori y a posteriori.* Las nociones dadas de una definición analítica lo son o *a priori o a posteriori.*

102. *Definiciones sintéticas por exposición o por construcción.* La síntesis de las nociones formadas, de donde resultan las definiciones sintéticas, es o síntesis de *exposición* (de fenómenos), o de *construcción.* Esta es la síntesis de las nociones formadas *arbitrariamente*; la primera de las nociones formadas empíricamente. Es decir de fenómenos dados que son como su materia (*conceptus factitti vel a priori, vel per synthesim empiricam*). Las nociones matemáticas son nociones formadas arbitrariamente.

Observación. Todas las definiciones de nociones matemáticas, como también las de experiencia (cuando son posibles las definiciones de nociones empíricas), deben ser sintéticas, porque lo mismo en las nociones de la última especie, por ejemplo, en las, nociones empíricas de agua, de fuego, de aire, etc., no debe descomponer lo contenido *en ellas*, sino que debo aprender a conocer por la experiencia lo que les pertenece. Todas las nociones empíricas deben, por lo tanto, ser consideradas como nociones formadas, cuya síntesis no es arbitraria sino empírica.

103. *Imposibilidad de las definiciones empíricamente sintéticas*. Como no es arbitraria la síntesis de las nociones empíricas, como es empírica, y en esta cualidad nunca puede ser perfecta (porque puede descubrirse en la experiencia un número mayor de caracteres de la noción) las nociones empíricas no pueden ser por lo tanto definidas.

Observación. Las nociones arbitrarias formadas sintéticamente son, pues, las únicas que pueden definirse. Estas definiciones de nociones arbitrarias, que no solamente son siempre posibles, sino también necesarias, y que deben proceder a todo lo que se haya de decir de una noción arbitraria, pueden también llamarse *declaraciones* (o explicaciones), en cuanto se explica de este modo el pensamiento o se da cuenta de lo que se entiende por una expresión. Esto es lo que se practica entre los matemáticos.

Definiciones analíticas de las nociones por la descomposición de otras dadas a priori o a posteriori. Todas las nociones dadas, ya lo sean a *priori o a posteriori*, solo pueden ser definidas *analíticamente*, porque solo pueden hacerse claras las nociones dadas en cuanto lo van siendo sucesivamente las nociones elementales. Si todas estas nociones elementales de una noción completa dada son claras, entonces la noción misma será *perfectamente* clara; si al mismo tiempo contiene pocos elementos, será mas precisa, de donde resultará una definición de la noción.

Observación. Como no podemos estar ciertos por ninguna prueba de si se han agotado por un análisis completo todos los elementos de una noción dada, todas las definiciones analíticas deben considerarse como inciertas.

105. *Exposiciones y descripciones*. No todas las nociones *pueden* ni *deben* ser definidos.

Hay aproximaciones de la definición de ciertas nociones; estas son por una parte *exposiciones* (*expositiones*), *y por* otra *descripciones* (*descriptiones*). *Exponer* una noción es dar a conocer de una manera continua (sucesivamente los signos o elementos de que se forma en cuanto pueden ser hallados por el análisis.

La descripción es la exposición de una noción, en cuanto dicha exposición no es precisa.

Observación.   1.   Podemos exponer una noción o una *experiencia* (es decir, un hecho). La primera de estas exposiciones se hace mediante el análisis, y la segunda mediante la síntesis.

2. La exposición solo tiene lugar en las nociones *dadas*, que se hacen claras mediante ella; distinguiéndose así de la *declaración* o de la *explicación*, que es una representación clara de las nociones *formadas*.

Como no siempre es posible hacer un análisis, perfecto, y como en general debe una descomposición ser imperfecta antes de ser perfecta, una exposición imperfecta, como parte de una definición, es también una verdadera y útil exposición de una noción. La definición no es aquí otra cosa que la idea de una perfección lógica que debemos procurar alcanzar.

3. La descripción no puede tener lugar sino en las nociones empíricas. No tiene reglas determinadas, ni contiene mas que los materiales para la definición.

106. *Definiciones nominales, definiciones reales Definiciones nominales* o puras *explicaciones de nombres*, son aquellas que contienen el sentido que se ha querido dar arbitrariamente a una palabra determinada, y que, por consiguiente, solo indican la esencia lógica de su objeto, y sirven simplemente para distinguirle de otro. Las *explicaciones de cosas o definiciones reales* son, por el contrario, las que bastan para el conocimiento de las determinaciones internas de un objeto, exponiendo la posibilidad de este por signos internos.

Observaciones.   1. Si una noción es suficiente intrínsecamente para distinguir una cosa, lo es también extrínsecamente; pero si es insuficiente intrínsecamente, puede, sin embargo, ser suficiente, aunque solo *bajo ciertos aspectos*, en la relación extrínseca, a saber, en la comparación de lo definido con otra cosa; pero la suficiencia extrínseca ilimitada (o absoluta), no es posible sin la intrínseca.

2. Los objetos de experiencia no son susceptibles de definiciones nominales. Las definiciones nominales lógicas de las nociones intelectuales dadas, se toman de un atributo; las definiciones reales, Por el contrario, salen de la esencia de las cosas, del principio primero de la posibilidad. Contienen, por consiguiente, las últimas todo lo que

conviene a la cosa, su esencia real. Las definiciones puramente *negativas* no pueden llamarse tampoco definiciones reales, porque, el los signos negativos pueden servir lo mismo que los afirmativos para distinguir una cosa de otra, no pueden, sin embargo, servir para dar a conocer la posibilidad intrínseca de una cosa.

En materia de moral deben buscarse siempre definiciones reales. También las hay en matemáticas; porque la definición de una noción arbitraria es siempre real.

3. Llámase genítica a una definición, cuando da una noción, por la cual puede el objeto ser expuesto *a priori in concreto*: tales son todas las definiciones matemáticas.

107.*Condiciones principales de la definición*. Las condiciones esenciales y generales de la perfección de una definición se refieren a los cuatro momentos principales de la cuantidad, de la relación y de la modalidad.

1. En cuanto a la cuantidad, en lo que toca a la esfera de la definición, ésta y lo definido deben ser *nociones recíprocas (conceptus reciproci)*, y por consiguiente, no debe ser la definición mas ni menos extensa que su definido.

2. En cuanto a la *cualidad,* la definición debe ser una noción *desarrollada,* y al mismo tiempo precisa.

3. En cuanto a la *relación,* no debe ser *tantológica* la definición; es decir, que los signos definidos deben ser, como principios de conocimiento de lo definido, diferentes de éste; y por último

4. En cuanto a la *modalidad,* los signos deben ser *necesarios,* y no convenir por experiencia.

Observación. La condición de que la noción de género y la de diferencia específica (*genus et differentia especifica*) deben constituir la definición, solo es válida para las definiciones nominales en la *comparación,* pero no para las definiciones reales en la *derivución.*

108. *Reglas para el examen de las definiciones.* Cuatro operaciones hay que hacer en el examen de las definiciones: es necesario averiguar, sí, la definición.

1. Considerada como proposición, es *verdadera;*

2. Si considerada como noción, es *clara;*

3. Si como noción clara, está además desarrollada; por último,

4. Si como noción desarrollada, es al mismo tiempo *determinada;* es decir, adecuada a la cosa misma.

109. Regla de las definiciones. Para definir bien, es necesario

seguir las reglas que sirven para criticar las definiciones. Se procurará por tanto:

1. Que las proposiciones sean verdaderas;

2. Que el predicado no suponga ya la noción de la cosa:

3. Recoger muchas y compararlas con la noción misma de la cosa, y ver la que es adecuada;

4. Por último, ver si un signo se encuentra en otro, o si le está subordinado.

Observaciones. 1. Estas reglas, según con razón piensan, solo sirven para definiciones analíticas. Pero como no podemos nunca estar ciertos en esta clase de definiciones, de si el análisis es perfecto, no debe considerarse la definición sino a título de ensayo, y no emplearla a no ser como si no fuese tal definición. Con esta reserva, podemos, sin embargo, servirnos de ellas como de una noción clara y verdadera, y sacarlos colorarios de estos signos. Podría, por tanto, decirse que la definición conviene a todo aquello que la noción del definido; pero no recíprocamente, puesto que la definición no define el definido.

2. Al acto de servirse de la noción del definido en la definición, o dar la definición por fundamento de la misma definición, es a lo que se llama definir por un *círculo* (*círculos indefinidos.*)

II. *Condición de la perfección del conocimiento por la división lógica de las nociones.*

110. *Noción de la división lógica.* Toda noción contiene bajo de sí una diversidad homogénea o heterogénea. La determinación de una noción relativamente a todo lo posible contenido bajo ella, en cuanto esto posible es diverso, se llama *división lógica de la noción.* La noción superior se llama noción *dividida* (*divisum*), y las nociones inferiores, *miembros de la división* (*membra divisionis*).

Observaciones. 1. *Partir* una noción y *dividirla,* son dos cosas muy diferentes: en la partición de la noción (por medio del análisis), veo lo que hay contenido en ella; en la división lo contenido bajo ella[1]. En esta, divido la esfera de la noción, y no la noción misma. Por lo demás, los miembros de la división contienen en sí más que la noción divida.

2. Por medio de la división vamos de las nociones inferiores a las superiores, y podemos enseguida descender de estas a aquellas.

111. *Regla general de la división lógica.* En toda división de una noción es necesario hacer de modo,

1. Que los miembros de la división se excluyan o sean opuestos entre sí;
2 Que pertenezcan a una noción superior común;
3. Que todos juntos formen la esfera de la noción dividida, o sean equivalentes a ella.

Observación. Los miembros de la división deben distinguirse unos de otros por la oposición *contradictoria,* no por una simple oposición *contraria.*

112. *Codivisiones y subdivisiones.* Llámanse *codivisiones* o divisiones *colaterales* las diferentes divisiones de una noción, verificadas bajo puntos de vista diversos; y la división de los miembros de otra división se llama *subdivisión.*

Observaciones. 1. La subdivisión puede continuarse indefinidamente; pero puede ser finita comparativamente. La codivisión se extiende también hasta el infinito; sobre todo, en las nociones de experiencia; porque, quién puede agotar todas las relaciones de las nociones!

2. Puede también llamarse la *codivisión* una división, según la diferencia de las nociones de un mismo objeto (puntos de vista). Del mismo modo que la *subdivisión* puede llamarse una división de los mismos puntos de vista.

113. *Dicotomía y politomía.* Una división de dos miembros, se llama *dicotomía,* y si tiene mas de dos, *politomía.*

Observaciones, 1. Toda politomía es empírica; la dicotomía es la única división de los principios *a priori,* por consiguiente, la única división *primitiva,* porque los miembros de la división deben scr opuestos entre sí; sin embargo, la contrapartida de todo A. no es otra cosa que no A.

2. La politomía no puede consignarse en lógica: depende del *conocimiento del objeto.* Pero la dicotomía, solo necesita del *principio de contradicción,* sin que tenga necesidad de conocer *en cuanto a la materia;* la noción que se quiere dividir. La politomía necesita de la *intuición,* ya sea de la intuición *a priori,* como en matemáticas, (por ejemplo, en la división de las secciones cónicas), ya de la intuición

empírica, como en la descripción de la naturaleza. Sin embargo, la división por el *principio de la síntesis a priori* o la tricotomía encierra:

1. La noción como condición;
2. Lo condicionado;
3. La derivación de lo condicionado relativamente a la condición.

114. *Diferentes divisiones de método.* Respecto al método en sí mismo en la elaboración y el tratado del conocimiento científico, se distinguen muchos modos principales que podemos presentar aquí bajo la división siguiente.

115. (*a*) *Método científico y Método popular.* El método científico escolástico se distingue del método popular en que parte de proposiciones fundamentales elementales; mientras que el método popular parte de lo habitual y de lo interesante. El primero tiende a la fundamentalidad, y desecha, por consiguiente, todo elemento heterogéneo; el segundo tiene por objeto la conversación.

Observación. Distínguense, pues, estos dos métodos en cuanto a la manera, no solo en cuanto al estilo; la popularidad en el método es diferente de la popularidad en la expresión.

Método sistemático y método fragmentario. El método *sistemático* es opuesto al método fragmentario o rapsódico. Cuando se ha pensado, según un método, y se ha seguido éste en la exposición de las materias, y el tránsito de una proposición a otra está claramente indicado, entonces echa tratado un conocimiento científicamente. Si, por el contrario, habiendo pensado metódicamente, no se ha seguido método determinado en la exposición del pensamiento; esta manera puede llamarse rapsódica.

Observación. La exposición, sistemática es opuesta a la fragmentaria, como la exposición metódica a la tumultuaria. El que piensa metódicamente puede exponer su pensamiento de una manera sistemática o fragmentaria. La exposición exteriormente fragmentaria, pero metódica en el fondo es una exposición *aforística*.

117. (*c*) *Método analítico y método sintético.* El método analítico es opuesto al sintético. El primero parte de lo condicionado y de lo fundado para elevarse a los principios (*a principiatis ad principia*); éste, por el contrario, desciende de los principios a las consecuencias,

o de lo simple a lo compuesto (del condicionante al condicionado). Podríase llamar el primero. método regresivo, y el segundo progresivo.

Observación. El método analítico se llama también método de invención, y es más apropiado a la popularidad; el método sintético es más apropiado a un tratado científico y sistemático del conocimiento.

118. (*d*) *Método silogístico y método tabulario.* El método silogístico consiste en presentar una ciencia bajo la forma de un encadenamiento de silogismos. El método tabulario o por cuadros es aquel por el que se representa todo el edificio de la ciencia, de tal manera, que pueda verse fácilmente su conjunto.

119. (*e*) *Método acroamático y método erotemático.* El método es, acroamático siempre que, se limite a enseñar por monólogos; y erotemático si se enseña mediante preguntas. Subdivídese este último en dialógico o socrático y catequético, según que las cuestiones se dirijan a la razón o la memoria.

Observación. No se puede enseñar por el método sistemático, sino por el diálogo socrático, en el cual dos interlocutores se preguntan y responden mutuamente: de suerte que parece que el maestro es también discípulo. El diálogo socrático enseña por cuestiones, puesto que hace que el discípulo conozca los principios de su propia razón, y lo provoca a prestar a ellos atención; por la catequesis común, al contrario, no se puede enseñar; solo puede cuestionarse sobre lo que el discípulo ha aprendido acroamáticamente. El método catequético solo sirve para los conocimientos empíricos y los racionales, y el método dialógico, por el contrario, para los conocimientos racionales.

120. *Meditar.* Entiéndese por meditar, reflejar o pensar metódicamente. La meditación debe acompañar a toda lectura y a toda instrucción. Para meditar bien, es necesario entregarse primero a un examen preliminar de la cuestión, procurar comprender toda la extensión y el conjunto, y después conducir y exponer los pensamientos ordenada o metódicamente.

---

1. En la partición da una idea, se enumeran las ideas elementales, se da a conocer su comprehensión; en la división se enumeran, por el contrario, las especies (lógicas o reales) contenidas en la idea como género. La primera operación so aproxima más a la definición y al juicio analítico que la segunda. (N. d. T. F.)

APÉNDICE

LA FALSA SUTILIDAD DE LAS CUATRO FIGURAS DEL SILOGISMO DEMOSTRADA 1972

- I -

1. *Noción general de la naturaleza de los raciocinios racionales.* Juzgar, es comparar con una cosa un signo o carácter. La cosa es el sujeto, el signo el predicado. La comparación se expresa con la palabra *es* o *ser,* la cual cuando se emplea de una manera absoluta, indica que el predicado es un signo del sujeto; pero si ya acompañada del signo negativo, debe entenderse que el predicado es opuesto al sujeto. En el primer caso, el juicio es afirmativo; en el segundo, negativo. Compréndese fácilmente que cuando se llama signo al predicado, no se quiere decir que sea un signo del sujeto (uno de sus caracteres); pues esto solo sucede en los principios afirmativos. Lo que se quiere decir es, que el predicado debe ser considerado como un signo de una cosa cualquiera, aunque repugne al sujeto en un juicio negativo. Sea, por ejemplo, la cosa que yo concibo, un *espíritu;* la composición, un signo o carácter de alguna cosa; el juicio: *Un espíritu no es un compuesto,* presenta este signo como opuesto a la cosa misma.

Se llama *signo mediato* el signo del signo de una cosa: así la *necesidad* es un signo de Dios, pero la *inmutabilidad* lo es de la necesidad, y por consiguiente, un signo mediato de Dios. Por donde se ve fácilmente que el signo mediato juega un papel intermediario (*nota intermedia*) entre la cosa misma y el signo lejano, porque solo por su medio es como el signo lejano se compara con la cosa. Pero puede compararse también un signo con una cosa, mediante otro intermediario negativo, en cuanto se reconoce que alguna cosa repugna al signo inmediato de otra. La contingencia repugna, como signo, a lo necesario; por otra parte, lo necesario es un signo de Dios; reconócese por consiguiente, por medio de un signo intermediario, que la contingencia no conviene a Dios. Puedo, por tanto, dar la definición real siguiente, de un raciocinio racional: Raciocinio racional es un juicio dado mediante un signo, mediato; o, en otros términos: Raciocinio racional es la comparación de un signo con un sujeto por medio de otro signo intermediario.

Este signo intermediario (*nota intermedia*), se llama también en un raciocinio racional, término medio (*terminus medius*). Sabemos lo suficiente acerca de lo que son los demás términos de un raciocinio.

Si para conocer claramente la relación del signo con la cosa en este juicio: *El alma humana es un espíritu*, me sirvo del signo intermediario *racional* y veo por este medio que la cualidad de ser un espíritu es un signo mediato del alma humana; debe necesariamente haber aquí tres juicios, a saber:

1. Ser un espíritu, es signo de ser racional;
2. Ser racional, es un signo del alma humana;
3. Ser un espíritu, es signo del alma humana: porque la comparación de un signo lejano con la cosa, solo es posible mediante estas tres operaciones.

Los tres juicios puestos en forma se presentarían de este modo:

Todo ser racional es espíritu; el alma humana es racional: luego el alma es espíritu, Este es un raciocinio racional afirmativo. Tocante a los raciocinios negativos, es también evidente, que si no conozco siempre de una manera bastante clara la oposición de un predicado y un sujeto, debo servirme, cuando pueda, de un término medio para dar más lucidez a la idea. Supongamos que se me presenta este juicio negativo: La duración de Dios no puede medirse por ningún tiempo, y encuentro que este predicado, comparado inmediatamente con su sujeto, no me da una idea suficientemente clara de la oposición: me sirvo entonces de un signo tal, que me la pueda representar inmediatamente en este sujeto; comparo el predicado con este signo, y, mediante el mismo, con la cosa misma. *Ser mesurable por el tiempo*, es cosa que repugna a todo lo *inmutable*; pero la inmutabilidad es un signo de Dios: luego etc.

Este raciocinio puesto en forma estaría concebido en estos términos: nada de lo que es inmutable puede medirse por el tiempo; pero la duración de Dios es inmutable: luego, etc.

2. *De la regla suprema de todo raciocinio racional*. Por lo que acabamos de decir, se ve que la regla primera y universal de los raciocinios racionales afirmativos, es que: el signo del signo lo es a su vez de la cosa mismas (*Nota notae est etiam, nota rei ipsius*);. y la de todos los raciocinios negativos de la misma especie, que: Lo que repugna al signo de una cosa, repugna a la cosa misma (*Repugnans notae repugnat rei ipsi*). Ninguna de ambas reglas es susceptible de demostración; porque una prueba no es posible sino por uno o muchos raciocinios racionales; y querer demostrar la fórmula suprema de todo raciocinio racional, sería raciocinar de una manera errónea: habría lo que se llama un círculo vicioso. Pero si estas reglas contienen el principio universal y último de todo modo de raciocinio racional, sólo es a condición de contener la razón última y única de la verdad de las demás reglas admitidas hasta ahora por todos los lógicos, como reglas primeras de los raciocinios racionales. *El dictum de omni*, principio supremo de todo raciocinio racional afirmativo, equivale a esto: Lo que se afirma universalmente de una noción, se afirma también de toda noción contenida bajo la primera. La razón de esto es clara.

La noción que contiene otras bajo sí, es siempre abstracta como signo; pero lo que conviene a esta noción y que es un signo de signo, es, por consiguiente, también un signo de las cosas de que ha sido abstraída, es decir, que conviene a las nociones inferiores que contiene bajo sí. Basta tener algunos conocimientos en lógica para comprender fácilmente que este *dictum* solo es verdadero a consecuencia del principio que acabamos de enunciar, y que entra, por consiguiente, en nuestra primera regla. *El dictum de nullo* entra a su vez, bajo la segunda regla. Lo que se niega universalmente de una noción, se niega, también de todo lo contenido en ella, porque esta noción que contiene en si otras, no es más que un signo que ha sido extraído de ellas. Ahora bien, lo que contradice este signo contradice también las cosas a que se refiere: luego aquello que contradice la noción superior debe también contradecir las inferiores contenidas bajo ella.

3. *De los raciocinios racionales puros y de los mixtos.* Todos sabemos que hay raciocinios inmediatos, puesto que puede conocerse inmediatamente, sin término medio, la verdad de un juicio partiendo de otro. Estas clases de raciocinios no son racionales. Así, por ejemplo, de la proposición: Toda materia es variable, se sigue inmediatamente que lo que es invariable no es materia. Los lógicos admiten muchas especies de raciocinios inmediatos: los principales son, sin duda alguna, aquellos que se verifican mediante una conversión lógica o por la contraposición.

Cuando un raciocinio racional solo tiene lugar mediante tres proposiciones, según las reglas dadas para toda clase de raciocinios racionales, se llama raciocinio racional puro (*ratiocinium purum*), pero si solo es posible con la condición de que haya en él más de tres juicios unidos entre sí para formar una conclusión, se llama entonces mixto (*ratiocinium hibridum*). Supongamos que entre tres proposiciones principales sea necesario intercalar una consecuencia inmediata, y que haya por consiguiente, necesidad de una proposición más de las que exige un raciocinio racional puro, entonces el raciocinio es híbrido. Supongamos, por ejemplo, que uno razona de la manera siguiente:

Nada de lo que es corruptible es simple; por consiguiente *nada corruptible* es *simple*.

Pero el alma humana es simple:

Luego el alma humana no es corruptible.

Este no sería un raciocinio racional compuesto propiamente hablando, porque un raciocinio compuesto debe formarse de muchos raciocinios racionales; mientras que este contiene, además de lo exigido para un raciocinio racional, una conclusión inmediata obtenida por la contraposición, y encierra por tanto cuatro proposiciones.

Pero en caso que no hubiera más que tres juicios expresados, si la consecuencia no podía sacarse de estos juicios sino mediante una conversión lógica legítima, una contraposición o cualquier otro cambio lógico verificado en una de las premisas; este raciocinio racional sería también híbrido; porque no se trata aquí de lo que se dice, sino de lo que es necesario pensar para que el raciocinio sea legítimo. Sea el raciocinio siguiente:

Nada corruptible es simple;

El alma humana es simple:

Luego es incorruptible.

Este raciocinio no es legítimo en su consecuencia sino en tanto que pueda decir, convirtiendo legítimamente la mayor: Nada corruptible es simple, por consiguiente nada simple es corruptible. El raciocinio queda, por tanto, siempre mixto, porque la fuerza de la conclusión se funda en la introducción secreta de esta consecuencia inmediata, que se la debe tener por lo menos en el pensamiento, si no se la enuncia.

4.*Lo que se llama primera figura del silogismo no contiene mas que raciocinios racionales puros, y los otros tres raciocinios racionales mixtos.* Si un raciocinio racional se forma inmediatamente según una de las dos reglas supremas, expuestas más arriba, entonces se verifica siempre en la primera figura. La regla primera está concebida en estos términos: Un signo B de un signo C de una cosa A es un signo de la cosa misma. De aquí tres proposiciones.

C   B

C tiene por signo a B. =Lo que es racional es espíritu;

A   C

A tiene por signo a C. =El alma humana es racional;

A   B

Luego A tiene por signo a B.=Luego el alma humana es espíritu.

Es fácil dar otras explicaciones semejantes de esta regla, como también de la de los raciocinios negativos, y convencerse que, si estos raciocinios están conformes, pertenecen siempre a la de la primera figura: puedo, pues, dispensarme de entrar en detalles que serían fastidiosos.

Concíbese fácilmente también que estas reglas de los raciocinios racionales no exigen que se intercale entre estos juicios una conclusión inmediata sacada de uno o de otro, para que el argumento sea concluyente; lo que patentiza que el raciocinio racional en la primera figura es puro.

No puede haber en la primera figura mas que raciocinios mixtos (híbridos).

La regla de la segunda figura es la siguiente

Lo que repugna al signo de una cosa, repugna también a la cosa misma. Esta proposición sólo es verdadera, porque aquello a que repugna un signo, repugna también a este signo; pero lo que repugna a un signo repugna también a la cosa misma, luego repugna a la cosa aquello a que repugna un signo de una cosa. Es, pues, evidente que solo porque yo puedo *convertir simplemente* la mayor como proposición negativa, es por lo que la conclusión es posible mediante la menor. Esta conversión debe, pues, ir entendida: de otro modo las premisas no tendrían conclusión. Pero la proposición obtenida por la conversión, es una consecuencia inmediata de la primera; y como esta proposición está intercalada en las premisas, el raciocinio racional comprende cuatro juicios, y por consiguiente es un raciocinio híbrido. Si yo digo, por ejemplo:

Ningún espíritu es divisible;

Toda materia es divisible;

Luego ninguna materia es espíritu.

Raciocinio legítimamente; solo la fuerza del raciocinio hace que de la primera proposición *Ningún espíritu es divisible*, se deduzca, por una consecuencia inmediata, esta otra proposición: *Luego nada divisible es espíritu*; y, por consecuencia de esto, la conclusión es legítima, según la regla general de todo raciocinio racional. Pero como el argumento no concluye sino en virtud de la consecuencia inmediata que se haya intercalado en las premisas, esta consecuencia forma parte de él, y el raciocinio comprende los cuatro juicios siguientes:

Ningún espíritu es divisible, y

(Por consiguiente *nada divisible es espíritu*);

Pero toda materia es divisible;

Luego ninguna materia es espíritu.

La tercera figura del silogismo solo puede contener raciocinios racionales mixtos.

La regla de la tercera figura es la siguiente:

Lo que conviene o repugna a una cosa conviene o repugna también a algunas de las contenidas bajo otro signo de esta cosa. Esta proposición solo es verdadera porque puede convertirse (*per conversionem logicam*) el juicio en que se dice que otro signo conviene a esta cosa; lo que hace que la operación conforme con la regla de todo raciocinio racional. Sea, por ejemplo:

Todos los hombres son pecadores;

Pero todos los hombres son racionales:

Luego algunos seres racionales son pecadores.

Solo existe aquí raciocinio porque se puede concluir, mediante una conversión *per accidens* partiendo de la menor, de la manera siguiente: Por consecuencia, algunos seres racionales son hombres. Entonces se comparan las nociones según la regla de todo raciocinio racional, pero solo mediante una conclusión inmediata intercalada, lo que da el raciocinio híbrido siguiente:

Todos los hombres son pecadores;

Pero todos los hombres son racionales, y

Por consiguiente *algunos seres racionales son hombres*;

Luego algunos seres racionales son pecadores. Esto mismo es fácil de reconocer en los raciocinios negativos de esta figura; pero no me detendrá más, para mayor brevedad.

La cuarta figura solo puede contener raciocinios racionales mixtos.

El modo de concluir en esta figura es tan poco natural, y se funda sobre un número tan considerable de consecuencias intermediarias posibles, que deben concebirse como intercaladas, que la regla general que podría dar sobre esto, sería muy oscura y poco inteligible. Me limitaré, pues, a decir con qué condiciones puede haber en ella conclusión. Los raciocinios racionales negativos de esta especie, solo concluyen cuando le puede cambiar, sea por conversión lógica, sea por contraposición, el lugar de los extremos, y cuando se puede por consiguiente pensar después de cada premisa su conclusión inmediata, de manera que estas conclusiones tengan la relación que deben tener en general en un raciocinio racional en virtud, de la regla común. Pero demostraré que no son posibles los raciocinios afirmativos en la cuarta figura. El raciocinio racional negativo, tal como debe ser propiamente concebido, se hace del modo siguiente.

Ningún imbécil es sabio;

(Por consiguiente *ningún sabio, es imbécil*)

Algunos sabios son piadosos,

(Por consiguiente, *algunos hombres piadosos son sabios*):

Luego algunos hombres piadosos no son imbéciles.

Sea un silogismo de la segunda especie (afirmativo)

Todo espíritu es simple;

Todo lo que es simple es incorruptible:

Luego alguna cosa incorruptible es espíritu.

Es evidente que el juicio de conclusión tal cual está aquí concebido, no puede en manera alguna derivarse de las premisas. Se ve esto fácilmente cuando se le compara con el término medio. No puedo decir: Alguna cosa incorruptible es espíritu; en efecto, de que sea simple, no por esto es un espíritu. Además, no pueden disponerse las premisas por ningún cambio lógico posible de tal modo, que la conclusión, o cualquier otra proposición de que esta se desprende como una consecuencia inmediata, pueda ser derivada, si los extremos han de tener su lugar en todas las figuras según la regla invariable, y un lugar tal que el término mayor esté en la premisa mayor, y el menor en la menor[1]. Y aunque cambiando enteramente el lugar de los extremos, de modo que, el que antes era el mayor se convierta en el menor y recíprocamente, y sea posible deducir una proposición de donde se deduzca la conclusión dada; es sin embargo necesario en este caso verificar una transposición total de las premisas, y el pretendido raciocinio racional de la cuarta figura, contiene los materiales que deben servir para la conclusión, mas no para la forma: no hay en ella por tanto, según el orden lógico, raciocinio racional en el que sea posible la división de las cuatro figuras; lo cual es muy diferente en el raciocinio negativo de la misma figura. Se podrá, pues, decir:

Todo espíritu es simple:

todo lo que es simple es incorruptible:

(Por consiguiente, *todo espíritu es incorruptible*):

Luego alguna cosa incorruptible es espíritu. Esta conclusión es perfectamente legítima; pero semejante raciocinio se distingue del que se haría en la primera figura, no por el lugar diferente del término medio, sino en que ha cambiado el orden de las premisas[2], así como el de los extremos, en la conclusión. Pero esto no constituye el cambio de la figura. Se encuentra una falta parecida en el lugar citado de la *Lógica de Crusius*, en donde el autor cree haber concluido naturalmente la cuarta figura, a consecuencia de esta libertad de hacer la transposición de las premisas. No es algo vergonzoso para un espíritu superior, tomarse tanto trabajo para mejorar una cosa inútil? Lo mejor que podría hacerse en esto, no es mejorar, sino aniquilar.

5. *La división lógica de las cuatro figuras, del silogismo es una sutileza falsa.* No puede dejarse de convenir en que la conclusión es legítima en estas cuatro figuras. Pero es incuestionable que, a excepción de la primera, no determinan la consecuencia sino por un rodeo y por medio de proposiciones intercaladas y de raciocinios inmediatos, y que sería posible la misma conclusión en la primera figura con ayuda del mismo término medio, por un raciocinio puro y sin el auxilio de conclusiones inmediatas. Podríase, por tanto, asegurar que las tres últimas figuras son completamente inútiles, pero no son falsas. Juzgarase, sin embargo, de diferente modo, si se atiende al fin que los lógicos se han propuesto al inventar y exponer estas figuras. Si se tratase de envolver una multitud de raciocinios en juicios principales, de tal modo que si se expresaban algunos fuesen otros sobreentendidos, y se necesitase mucho arte para juzgar sobre su conformidad con las reglas del raciocinio, se podrían en tal caso inventar, no precisamente muchas figuras, sino también muchos raciocinios, enigmáticos que serían otros tantos quebraderos de cabeza. Pero el fin de la lógica no es envolver las ideas, sino, por el contrario, desenvolverlas, exponerlas de una manera evidente y no enigmática. Estas cuatro especies de raciocinios deben, por lo tanto, ser simples, sin mezcla, y sin conclusión tácita accesoria: de otro modo no se les podría reconocer el derecho de anunciarse en un tratado de lógica como fórmula de la exposición más clara de un raciocinio racional. También es cierto que hasta ahora los han mirado todos los lógicos como raciocinios racionales simples, sin pensar que fuese necesario introducir en ellos otros juicios. De otro modo no les hubieran concedido, por decirlo así, el derecho de ciudadanía. Las tres últimas figuras son, por consiguiente, verdaderas como reglas del raciocinio racional en general, pero es falso que contengan un raciocinio simple y puro. Esta irregularidad que cree tener derecho a oscurecer las ideas, siendo así que la lógica tiene, por fin propio reducirlo todo a la especie más sencilla de conocimiento, es tanto mayor cuanto se necesita recurrir a un número más considerable de reglas particulares (teniendo cada figura necesidad de reglas especiales) para no estrellarse al dar algún respingo. De hecho, jamás se ha dispensado más atención a una cosa tan inútil. Los modos posibles en cada figura, indicados con palabras extravagantes que contienen al mismo tiempo letras misteriosas, sirven para facilitar a la conversión de los modos de las tres últimas figuras en los de la primera, serán en el porvenir un monumento curioso de la historia del

espíritu humano, cuando algún día el moho de la antigüedad admire y aflija con sus industriosos y vanos esfuerzos a una posteridad más ilustrada.

Fácil es también descubrir el primer motivo de esta sutileza. El que transcribió primero un silogismo en tres proposiciones unas debajo de otras, lo consideró como un juego de ajedrez, y quiso averiguar cuál sería el resultado de la transposición del término medio. Quedó tan sorprendido al notar que tenía siempre un sentido racional, como aquel que encuentra un anagrama en un nombre. No era menos pueril el regocijarse por uno de estos descubrimientos que por el otro, sobre todo olvidando que nada nuevo resultaba de esto para la claridad, sino por el contrario, un aumento de oscuridad. Tal es, sin embargo, la naturaleza del espíritu humano: es útil y cae en necedades, o emprende temerariamente grandes cosas y forma castillos en el aire. Entre los pensadores, unos trabajan sobre el número 666, otros sobre el origen de los animales y de las plantas o sobre los secretos de la providencia. El error en que todos caen es de gusto muy diferente; lo cual no es más que una consecuencia de la diferencia de espíritu.

El número de asuntos que merecen ser tratados aumenta cada día; y muy pronto será muy débil nuestra capacidad y muy corta nuestra vida para aprender solo la parte más útil. Las riquezas que se trata de adquirir son muy abundantes para no despreciar una infinidad de bagatelas inútiles. Hubiera sido preferible no haberlas adoptado nunca.

Me engañaría mucho si creyese que de un trabajo de algunas horas podría derivar un coloso que oculta su cabeza en las nubes de la antigüedad y cuyos pies son de arcilla. Mi objeto es únicamente decir por que soy tan lacónico en mi lógica, donde no puedo tratarlo todo según mi modo de ver, obligado como estoy, por el contrario, a hacer muchas cosas, para conformarme con el gusto dominante: el tiempo que gano es solo con el fin de emplearlo en la adquisición real de conocimientos más útiles.

Hay además otra utilidad, no la silogística, a saber, que por medio de esta se puede vencer en una disputa a un adversario respetable; pero como esto mira a la atlética de los sabios, arte que, por otra parte, puede ser muy útil, aunque no sea muy ventajoso para la verdad, no me ocupo de ella en este lugar.

6. *Observaciones finales.* Sabemos ya que las reglas supremas de todos los raciocinios racionales conducen inmediatamente a la dispo-

sición de las nociones que constituyen la primera figura; que todas las demás transposiciones de término medio no dan una conclusión legítima sino en cuanto conducen, por consecuencias inmediatas fáciles, a proposiciones enlazadas entre sí según el orden sencillo de la primera figura; que solo puede concluirse de una manera sencilla y sin confusión en esta primera figura, porque solo ella, contenida siempre de una manera secreta en un raciocinio racional por consecuencias ocultas, tiene la virtud de concluir; y el cambio de posición de las nociones no hace más que ocasionar un rodeo más o menos grande que es necesario recorrer para apercibir la conclusión; por último, que la división de las figuras en general, en cuanto deben sostener raciocinios puros y sin mezcla de juicios intercalados, es falsa o imposible.

La explicación que acabamos de dar muestra muy claramente, para que podamos dispensarnos de insistir sobre este punto, cómo nuestras reglas fundamentales universales de todo raciocinio racional contienen al mismo tiempo las reglas particulares de la primera figura; y cómo, partiendo de la conclusión dada y del término medio, se puede referir todo raciocinio racional de una de las tres últimas figuras a un modo de conclusión simple de la primera, sin dar de esta manera por los medios inútiles de las fórmulas de la reducción, de modo que pueda concluirse por la conclusión misma o por una proposición de donde aquella se deduzca por una consecuencia inmediata.

No terminaré este pequeño trabajo sin añadir algunas observaciones que podrán en adelante tener su utilidad.

1. Una noción *lúcida* no es posible sino mediante un juicio, así como una noción *completa* no es posible sino mediante un *raciocinio racional*. Es necesario, en efecto, para que una noción sea lúcida, que yo conozca alguna cosa como signo o carácter de otra. Pero esto constituye un juicio. Para que haya lucidez en mi noción de cuerpo, me represento la impenetrabilidad como un carácter claro de esta noción. Ahora bien, esta representación no es otra cosa que, este pensamiento: *Un cuerpo es impenetrable*. Solo falta notar aquí que este juicio no es la misma noción clara, sino el acto mediante el cual llega esta a ser real: porque la idea que resulta de este acto relativamente a la cosa misma, es lúcida. Fácil es hacer notar que no es posible una noción perfecta sino mediante un raciocinio racional; basta recordar lo dicho en el párrafo 1. de esta disertación. Podría también llamarse noción lúcida a aquella cuya claridad resulta de un juicio, y noción completa

a aquella cuya lucidez resulta de un raciocinio racional. Si la perfección es de primer grado, el raciocinio racional es simple; si es de segundo o de tercero, solo es posible mediante una serie de raciocinios que enlaza el entendimiento bajo la forma de un sorites. Esta observación pone de manifiesto un vicio esencial de la lógica, tal como se la trata comúnmente, puesto que se hace en ella cuestión de las nociones claras y perfectas antes de tratar de los juicios y de los raciocinios, por mas que los primeros no sean posibles sino mediante los segundos.

2. No es menos evidente que la integridad de las nociones no exige otra propiedad que la lucidez (puesto que la misma capacidad es la que reconoce alguna cosa como signo mediato de otra cosa, y este signo otro además que se emplea por consiguiente para pensar la cosa por medio de un signo lejano) es igualmente claro que el *entendimiento* y la *razón*, es decir, la facultad de conocer lúcidamente y la de formar raciocinios racionales, no son capacidades fundamentales diferentes; ambas se reducen a la facultad de juzgar; solo que, cuando se juzga inmediatamente, se razona.

3. Resulta, por último, de lo precedente, que la capacidad en prensa de conocer se funda absoluta y únicamente en la de juzgar. Por consecuencia, cuando un ser puede, juzgar, posee la facultad suprema de conocer. Si se está autorizado para negarle ésta, es que no puede juzgar. Por haber despreciado estas consideraciones, es por lo que ha reconocido a los animales un sabio célebre, nociones lúcidas. Un buey, se dice, posee también en la vida de su establo una representación clara de uno de los signos o caracteres del establo mismo, de la puerta: tiene, por tanto, una noción lúcida del establo. Fácil es de notar la confusión que aquí reina. La lucidez de una noción no consiste en la representación clara de aquello que es el signo de una cosa, sino en que el signo de una cosa sea reconocido como tal signo de la cosa misma. La puerta forma seguramente parte del establo, y puede servirle de signo; pero solo el que forme este juicio: *Esta puerta: forma parte de este establo*, tendrá una noción lúcida del departamento, y este juicio no está seguramente al alcance de la facultad del animal.

Puede irse aun más lejos, y decir que hay una diferencia total entre *distinguir* unas cosas de otras, y *conocer la diferencia* de las cosas. El último acto solo es posible mediante juicios, y no puede ser hecho por ningún animal irracional. La distinción siguiente puede ser de gran utilidad. *Distinguir lógicamente,* es conocer que A no es B, lo cual solo tiene lugar mediante un juicio negativo; *distinguir físicamente,* es ser conducido a verificar acciones diferentes por representaciones diversas. El perro distingue la carne del pan, porque es afectado de una manera diferente (diferentes causas ocasionan sensaciones diferentes), y la sensación debida al primero es en el perro la razón de un deseo diferente del que resulta de la sensación debida al segundo[3], por consecuencia del lazo natural de las inclinaciones y de las representaciones. Esto proporciona ocasión de meditar sobre la diferencia esencial entre los animales racionales y los irracionales. Si se pudiese conocer lo que constituye la facultad secreta, mediante la cual es posible el juicio, podría resolverse la cuestión.

Mi opinión actual es que esta facultad o capacidad no es otra cosa que la del sentido íntimo, es decir, la de hacer de sus, propias representaciones el objeto de sus pensamientos. Esta facultad no puede derivarse de otra; es fundamental en el sentido propio de la palabra, y sólo puede pertenecer, como he indicado anteriormente, a los seres racionales. Pero es la base de toda facultad cognoscente superior. Concluye de una manera que debe agradar a los que aman la unidad de los conocimientos humanos. Todos los juicios afirmativos están sometidos a una fórmula general de conformidad: (*Cuilibet subjecto competit praedicatum ipsi non oppositum*). Todos los raciocinios racionales afirmativos están sometidos a la regla. (*Nota notae est nota rei ipsius*); todos los raciocinios racionales están igualmente sometidos a esta otra regla (*Oppositum notae opponitur rei ipsi*). Todos los juicios sometidos inmediatamente a las proposiciones de conformidad o de contradicción, es decir, aquellos en que ni la identidad ni la oposición es percibida por signo alguno intermediario por consiguiente; ni por medio del análisis de las nociones, sino inmediatamente, son juicios indemostrables; aquellos, por el contrario, en que la identidad y la oposición puede ser conocida mediatamente, son demostrables. El conocimiento humano está lleno de esta clase de juicios indemostrables. Algunos preceden siempre a esta definición, cuando para poder definir se presenta como signo alguna cosa correspondiente, a lo que se conoce primera e inmediatamente en el objeto. Los filósofos que proceden como si no hubiese mas verdades fundamentales indemostrables que una sola, se engañan. No se engañan menos los que conceden muy ampliamente el carácter de proposiciones primeras a otras que no lo merecen.

FIN

---

1. Fúndase esta regla en el orden sintético, según el cual, el signo lejano se compara primero con el sujeto, y después con el más próximo. Sin embargo, por arbitrario que pueda ser este orden se hace inevitablemente necesario cuando se quieran obtener cuatro figuras. Porque si es indiferente que se coloque el predicado de la conclusión en la mayor o en la menor, no se distingue absolutamente la primera figura de la cuarta. Una falta análoga se encuentra en la *Lógica de Crusius, p. 600, Observación*.

2. Porque si una proposición es mayor porque contiene el predicado de la conclusión, entonces en cuanto concierne a la conclusión propia que se deduce inmediatamente de las premisas, es la mayor la segunda proposición, y la primera la menor. Pero en este caso no hay conclusión definitiva, según la primera figura, sino va cuanto la conclusión es sacada por medio de una conversión lógica de la proposición que sigue inmediatamente al juicio tácito.

3. Es éste un hecho de la mayor importancia, y que no debe perderse de vista en el examen de la naturaleza animal. No percibimos en los animales nada mas que actos exteriores, cuya diferencia solo indica en ellos distintas determinaciones de deseo. No puede concluirse que semejante acto de conocimiento proceda en un sentido íntimo, aun admitiendo que tengan conciencia de la conformidad o disconformidad de lo que se puede encontrar en una sensación con lo que se puede encontrar en otra, y que juzguen en consecuencia.